Cycle 2

Entrainer sa mémoire

Éric Truskolaski
Enseignant spécialisé

- 105 fiches à photocopier
- 2 niveaux de compétences
- Des activités variées
- 6 types de mémoire

RETZ
editions-retz.com

Cet ouvrage suit l'orthographe recommandée par les rectifications de 1990 et les programmes scolaires.
Voir le site
http://www.orthographe-recommandee.info et son miniguide d'information.

Directrice éditoriale : Céline Lorcher
Édition : Claire Cabaret et Elvire Lakraa
Illustrations : Gaëlle Berthelet (fiches 1 à 49) ; Armelle Drouin (fiches 50 à 105)
Création maquette (couverture et intérieur) : Bertrand Loquet
Adaptation maquette et mise en page : STDI
Corrections : Violaine Delabre

Police SG Stylo © 4 HEURES octobre 2023

Conçu & fabriqué en France

Ce livre est imprimé sur du papier issu de forêts gérées durablement.

Dépôt légal : octobre 2023 – code éditeur : 152056
ISBN : 978-2-7256-4411-0

Sommaire

PRÉSENTATION GÉNÉRALE

• L'importance de la mémoire

D'après Alain Lieury (*Psychologie de la mémoire*, 2021) : « *La mémoire est le thème psychologique dont l'intérêt remonte le plus loin dans le passé, puisque le mot même est dérivé de Mnémosyne, une déesse de l'Antiquité grecque dans les légendes du VIIe siècle avant notre ère.* »

Par ailleurs, pour Blaise Pascal : ***« La mémoire est nécessaire pour toutes les opérations de l'esprit. »***

C'est dire la place centrale que peut occuper la mémoire au cœur des apprentissages. Au-delà des apprentissages, elle régit bon nombre de nos activités professionnelles, quotidiennes ou de loisir/plaisir. Elle est présente dans toutes les étapes de la construction de notre identité, de nos connaissances, de notre intelligence et de nos émotions.

La réussite scolaire dépend de la quantité de connaissances stockées dans la mémoire des élèves et également de la qualité de l'organisation de cette connaissance.

• La mémoire dans les programmes scolaires

Les programmes de 2015 consacraient un chapitre à cette importante question de la mémorisation, notamment dans les apprentissages à la maternelle. Il y était précisé que « *les opérations mentales de mémorisation chez les jeunes enfants ne sont pas volontaires* » et qu'il est donc utile de les accompagner dans cette démarche et de façon générale, en les aidant à « *prendre conscience qu'apprendre à l'école, c'est remobiliser en permanence les acquis antérieurs pour aller plus loin* ». Il convient de distinguer la **mémoire** qui relève d'une capacité de notre cerveau, de la **mémorisation** qui relève d'un effort que nous faisons consciemment.

Les programmes de maternelle publiés au *Bulletin officiel* n° 25 du 22 juin 2021 ne mentionnent plus expressément les mots « mémoire » ni « mémorisation » mais il va sans dire que la mémoire est indispensable aux apprentissages tout au long du cycle 1.

Pour le cycle 2, le ***Bulletin Officiel* n° 30 du 31 juillet 2020** indique : « *La mémoire a besoin d'être entretenue pour que les acquis constatés étape après étape se stabilisent dans le temps et deviennent automatisés, facilités par des exercices de copie et de dictée. Des activités ritualisées fixent et accroissent les capacités de raisonnement sur des énoncés et l'application de procédures qui s'automatisent progressivement.* » (paragraphe sur l'étude de la langue – grammaire, orthographe, lexique.)

Les programmes du cycle 2 évoquent dans tous les domaines disciplinaires l'importance de la mémoire et de la mémorisation.

PRÉSENTATION DE LA DÉMARCHE

Ce fichier photocopiable est organisé en deux parties : la mémoire à court terme et les mémoires à long terme. Les fiches sont elles-mêmes divisées en deux catégories : pour les lecteurs et pour les non-lecteurs. Elles s'adressent en particulier aux élèves de cycle 2, mais les fiches non-lecteurs peuvent aussi convenir aux élèves de grande section de maternelle.

• Les objectifs de ce fichier

Les objectifs de ce fichier sont multiples. Avant tout, il a été écrit pour faire prendre conscience aux enfants qu'ils ont tous de la mémoire, et qu'ils ont même **plusieurs mémoires.**

Les activités permettent de consolider leurs capacités de mémorisation, afin qu'ils stockent durablement leurs acquis scolaires, ce qui est un enjeu essentiel.

Cet ouvrage ne concerne pas uniquement la mémoire « scolaire ». En effet, les fiches sur la mémoire épisodique sont liées aux souvenirs personnels des enfants et peuvent donc avoir un cadre différent de l'école.

L'ensemble du fichier a pour but d'aider les enseignants à entrainer la mémoire de leurs élèves en suivant plusieurs principes concernant la mémorisation :

- On retient mieux ce que l'on comprend, la question du sens est donc centrale.
- La mémoire est plus efficiente sur des ensembles organisés et non éparpillés.
- La mémoire fonctionne d'autant mieux qu'on associe la nouvelle information à une information connue.

L'importance de la mémoire dans les situations d'apprentissage nous apparait fondamentale notamment dans sa dimension **transversale**, car elle est à l'œuvre en permanence dans une journée scolaire.

• La progression

Nous avons établi une certaine progressivité à l'intérieur de chacune des mémoires traitées, afin de **complexifier la teneur des informations à mémoriser et à restituer**, d'un point de vue qualitatif et quantitatif.

Par exemple, dans les fiches sur la mémoire visuelle, le nombre d'éléments à mémoriser augmente progressivement :

– des images (ex. : fiches n° 13/14) ;
– des lettres (ex. : fiches n° 21/22) ;
– des mots (ex. : fiches n° 33/34) ;
– des consignes (ex. : fiches n° 39 à 42).

En avançant dans chaque type de mémoire, les contenus se densifient et les exercices se complexifient.

Voir p. 8 à 11 les tableaux des compétences travaillées dans les fiches.

• L'évaluation

Les objectifs d'évaluation peuvent varier en fonction du temps de rétention de l'information visé.

La mémoire sensorielle (visuelle, auditive) requiert une restitution quasi immédiate sans distracteur, alors que la mémoire de travail demande une restitution qui peut être différée de quelques dizaines de secondes à une minute, avec distracteurs. Chaque enseignant peut placer le curseur là où il estime que ses élèves en ont le plus besoin.

Cet ouvrage est un outil de travail concernant **la mémoire et ses corolaires attention-concentration** et par conséquent, ce n'est pas un support pour la lecture. Ainsi, **ce fichier ne peut être réalisé en autonomie par les élèves**, notamment ceux qui sont en difficulté avec la lecture.

Les enseignants devront avoir à l'esprit, qu'ils évaluent les capacités de mémorisation de leurs élèves et non pas leurs compétences de lecteur.

• Comment utiliser ce fichier ?

Le travail visé par ce fichier n'est pas à réaliser en autonomie. **Les consignes doivent systématiquement être lues par l'enseignant** qui devra s'assurer de leur parfaite compréhension par les élèves. Ainsi, le travail sur l'attention, la concentration et la mémorisation sera déjà à l'œuvre et évaluable lors de l'écoute des consignes.

Travail d'explicitation préalable

Le travail préalable et indispensable sur ces fiches doit **amener l'élève à se questionner sur ce qu'est sa mémoire** et à se demander à quoi elle sert à l'école et dans sa vie quotidienne !

Il sera nécessaire d'expliciter le but des activités proposées, les procédures de travail et ce que l'enseignant attend de ce travail, en interrogeant les élèves : Que va-t-on faire ? Dans quel but ? Que va-t-on apprendre en faisant cela ? D'après toi, que faut-il faire pour réussir ? Comment s'y prendre ?

Il nous parait important d'expliquer que la mémoire sert à toute chose à l'école en disant par exemple à l'élève concerné que ce travail va lui servir à bien entrainer sa mémoire pour bien se souvenir.

Il est fondamental d'attirer l'attention des élèves sur le fait que **la mémoire ne peut pas bien fonctionner s'ils ne sont pas attentifs et concentrés** lors de la présentation des modèles (dessins, mots ou chiffres à mémoriser) car c'est la phase d'encodage qui est importante dans la mémoire (encodage, stockage, consolidation, restitution : voir « Le processus de mémorisation », p. 8).

Le travail des fiches n° 47 à 49 (mémoire auditive) est aussi intéressant à mener avec les élèves, car il apporte des éclairages accessibles sur la définition des mémoires multiples.

Nous vous invitons également à prendre connaissance de la partie « Expliquer le fonctionnement de la mémoire aux élèves », p. 12. Des échanges sur les différents types de mémoire peuvent être organisés en amont du travail sur les fiches de cet ouvrage.

Attention, concentration et mémorisation sont évidemment liées et interdépendantes, elles demandent beaucoup de ressources aux enfants. C'est pour cette raison qu'aux premiers signes de lassitude des élèves face aux efforts qui leur sont demandés, il est conseillé d'interrompre l'activité, de bien expliciter les étapes dans les exercices et/ou de ne pas faire trop d'activités à la suite.

Les caches

La majorité des fiches proposées consistent à travailler sur la mémorisation d'un modèle et il serait intéressant de pouvoir utiliser un cache pour isoler l'objet à mémoriser. On peut envisager différents modèles de caches à distribuer aux élèves (à partir d'une simple feuille de papier).

Les distracteurs

Il nous semble très intéressant de varier **le temps de rétention de l'information, et donc de différer le temps de restitution en faisant intervenir des « distracteurs ».**

Par exemple :
- montrer un modèle à retenir aux élèves, le cacher **puis leur parler d'autre chose** et revenir dessus dans un troisième temps afin qu'ils répondent à la consigne ;
- de manière plus ludique, montrer un modèle à retenir aux élèves, le cacher **puis leur demander de se déplacer** dans la classe (ou un autre lieu) avant de revenir sur la tâche à effectuer (les enfants adorent ce genre de distraction où ils peuvent se déplacer !) ;
- réciter une poésie, etc.

Un exemple de jeux avec ou sans distracteurs est proposé p. 14.

Concernant le temps de travail sur les fiches, d'une façon générale nous estimons qu'une vingtaine de secondes d'observation avant de cacher les modèles est un temps raisonnable pour une mise en mémoire immédiate. Ce temps peut être allongé quand l'enseignant introduit un distracteur ou qu'il juge utile de le faire.

• Organisation du travail

Ce fichier peut être utilisé de différentes façons :
- **en petit groupe** car il peut donner lieu à des interactions langagières et une certaine émulation entre les élèves ;
- dans le cadre **d'un travail individuel** avec un élève afin de consolider et/ou évaluer ses compétences dans les trois domaines (mémoire, attention et concentration) ;
- en **binômes** entre un élève plus âgé qui explique les consignes, cache les modèles et un autre élève plus jeune (par exemple dans le cas des **classes multiniveaux**) ;
- lors de **rituels** en classe ordinaire de manière hebdomadaire pour faire comprendre aux élèves que la mémoire est une compétence transversale.

La dictée à l'adulte

Tout au long de cet ouvrage, au moyen de la dictée à l'adulte de dessins ou de mots selon le travail demandé sur les fiches, les adultes sont invités à accompagner et traduire la pensée de leurs élèves. En effet, en ce qui concerne les lecteurs de cycle 2, l'énergie et le temps consacrés à déchiffrer et à écrire un mot sans modèle sont très couteux et peuvent évidemment être un obstacle à la mémorisation. Il est évident que la concentration des élèves doit être maximale concernant ce travail sur la mémoire et il ne doit pas être parasité par d'autres paramètres tels que la lecture et l'écriture.

Ainsi, plus l'enfant verbalise ce qu'il fait, ce qu'il pense, plus ce sera intéressant et riche d'enseignements pour l'adulte qui l'accompagne dans les activités.

Toutes les fiches peuvent être faites en dictée à l'adulte même quand la consigne, sur certaines fiches non-lecteurs, est de dessiner. En effet, certains enfants peuvent être réfractaires au fait de dessiner.

• Des fiches pour les élèves non-lecteurs et des fiches pour les élèves lecteurs

- Pour les élèves non-lecteurs, **le dessin et la dictée à l'adulte** seront les principaux moyens d'expression (ex. : fiches de la mémoire épisodique n° 51, 52) et pour les enseignants le moyen d'**évaluer** le degré de réussite des élèves.
- Pour les élèves lecteurs, dans le souci parfois d'alléger leur charge cognitive », nous avons opté pour l'utilisation **d'étiquettes** à coller plutôt que des dessins à effectuer ou des mots à écrire (ex. : fiche n° 65 sur la mémoire sémantique). Pour gagner du temps et pour faciliter le travail des enfants sur les fiches, nous vous invitons à découper au préalable les étiquettes pour les fiches concernées. De plus, il est souhaitable de distribuer les étiquettes au fur et à mesure. Cependant, selon le niveau des élèves, notamment au CE2, rien n'interdit de leur demander de dessiner ou d'écrire, le choix est laissé libre aux enseignants.

Certaines fiches non-lecteurs ont été **doublées et transposées** pour les élèves lecteurs comme les fiches n° 64 à 73 (mémoire sémantique). Voir tableaux de compétences p. 8 à 11.

À noter : selon le niveau des élèves, il peut être souhaitable pour l'ensemble des fiches lecteurs de proposer une dictée à l'adulte plutôt que l'écriture.

• Le processus de mémorisation

Dans les domaines de la psychologie et des neurosciences, la mémoire est définie comme « *l'ensemble des mécanismes qui permettent le codage, le stockage et la récupération des informations* » selon les étapes du processus de mémorisation.

Les étapes du processus de mémorisation :

1. **Encodage** : C'est la première étape du processus de mémorisation qui consiste à convertir les données sensorielles que nous percevons du monde extérieur (par exemple, ce que nous voyons, entendons, lisons, etc.) pour les enregistrer dans la mémoire à court terme.
2. **Stockage** : Il correspond au temps qui sépare la période active de mémorisation et la période de récupération. Les informations sont stockées dans la mémoire. Le stockage peut se produire au niveau de la mémoire à court terme (pour les informations temporaires et limitées) et de la mémoire à long terme (pour les informations importantes et durables).
3. **Consolidation** : C'est une étape qui consiste à répéter fréquemment l'information pour mieux la conserver. Plus l'information est entretenue par la répétition, mieux elle est consolidée.
4. **Rappel/Récupération** : C'est la dernière étape du processus de mémorisation. La récupération est le fait de rappeler les informations stockées dans la mémoire lorsque nous en avons besoin.

Il est communément admis que les informations doivent être renforcées par des rappels fréquents pour être stockées dans la mémoire à long terme, d'où la nécessité, pour les enseignants, de procéder régulièrement à des révisions, des retours sur les notions enseignées.

LES TYPES DE MÉMOIRES TRAVAILLÉES DANS CE FICHIER

• La mémoire à court terme – fiches 1 à 49

La mémoire à court terme (ou mémoire de travail, MDT) permet de **retenir et traiter** les informations pour un temps court, tout en effectuant une tâche, une activité en parallèle.

Elle est éphémère et quantitativement **limitée,** car sa capacité de stockage est limitée à environ 7 items +/-2 et dure approximativement de 30 secondes à quelques minutes.

Aucune information ne peut être stockée dans la mémoire à long terme, notre « boite noire », sans passer par la mémoire à court terme.

Dans cet ouvrage, ce type de mémoire est entrainé avec les fiches de mémoire visuelle et de mémoire auditive.

La mémoire visuelle

- Fiches pour les non-lecteurs : fiches 1 à 14
- Fiches pour les lecteurs : fiches 15 à 31

Récapitulatif des compétences travaillées :

Mémoire visuelle : fiches 1 à 31	N° de la fiche non-lecteur	N° de la fiche lecteur
Repérer un mot parmi d'autres mots	1	
Mémoriser les détails d'une image	2	15-18
Mémoriser l'ordre d'une série d'images	3-4	16-17
Mémoriser des éléments communs à plusieurs images selon une représentation spatiale	5	
Reproduire un modèle	6-7-8	
Retrouver un détail qui a changé entre deux images mémorisées	9	
Mémoriser des visages	10	19
Mémoriser la place de plusieurs images	11-12	

Mémoriser la place d'une image/d'un chiffre	13-14	
Mémoriser le son commun à plusieurs mots		20
Mémoriser une suite de lettres		21-22
Mémoriser des dessins et écrire leur nom		23
Mémoriser l'intrus dans une série de mots/de chiffres		24
Mémoriser une série d'images/mots/chiffres et écrire leurs noms		25
Mémoriser des détails dans une image		26
Mémoriser des détails contenus dans une phrase		27
Mémoriser une représentation de type topogramme		28-29-30
Mémoriser l'emplacement de mots dans une image		31-32

Avant de commencer les activités sur la mémoire visuelle, voici quelques conseils.

1. **Il faut toujours cacher les autres items** que celui sur lequel l'élève travaille pour optimiser sa concentration.
2. Il faut également cacher la case de la réponse qui, souvent, donne des indices sur l'élément à retrouver.
3. Lui laisser environ 20 secondes pour mémoriser l'item.
4. Puis, il faut cacher la partie à mémoriser avant de dévoiler la zone de réponse.

Pour la **fiche 5** (exercice 2 – 2e série), préciser aux élèves qu'en haut ce sont des véhicules, en bas des fruits.

Pour la **fiche 11**, préciser aux élèves qu'il n'est pas utile de mémoriser la disposition des dessins à l'intérieur des cases.

Pour la **fiche 13**, on considère que les non-lecteurs savent quand même lire les chiffres.

Pour la **fiche 20**, il peut être utile de guider l'activité en donnant des exemples. Les enfants (surtout les plus jeunes) ne comprennent pas tous implicitement qu'ils doivent trouver un point commun aux premiers mots de chaque bulle, puis un autre point commun aux seconds mots de chaque bulle, pour ensuite trouver deux mots à leur tour (une partie du corps et une couleur). S'ils échouent, ce sera par manque de compréhension de l'exercice plutôt que par défaut de mémorisation.

La mémoire auditive

– Fiches pour les non-lecteurs : fiches 32 à 42
– Fiches pour les lecteurs : fiches 43 à 49

Récapitulatif des compétences travaillées :

Mémoire auditive : fiches 32 à 49	N° de la fiche non-lecteur	N° de la fiche lecteur
Mémoriser le nom d'un objet selon la catégorie sémantique à laquelle il appartient	32	43-44
Mémoriser le son initial de mots entendus	33-34-35-36	
Mémoriser des images selon le son entendu à la fin	37	
Repérer un mot parmi une liste de mots mémorisés	38	
Mémoriser une consigne simple		45-46
Mémoriser une double consigne	40-41	
Mémoriser une triple consigne	42	
Mémoriser les définitions de la mémoire		47-48-49

À noter : une dictée à l'adulte est proposée pour les **fiches lecteurs n° 47-49** car le plus important est bien le travail de mémorisation des définitions de la mémoire adaptées au niveau de langage des élèves de cycle 2.

• La mémoire à long terme – fiches 50 à 105

La mémoire à long terme se subdivise en deux grandes catégories :

1. **La mémoire explicite**, par exemple : la mémoire épisodique, sémantique, prospective ;
2. **La mémoire implicite** dont la mémoire procédurale fait partie.

La mémoire à long terme emmagasine tous les évènements importants de notre existence, et elle sert également à retenir les aptitudes et les connaissances que nous avons apprises. Sa capacité de stockage apparait illimitée et elle peut durer des jours, des mois, des années, et dans certains cas toute une vie.

De façon générale, la mémoire à long terme fonctionne par répétition. Grâce à l'imagerie médicale, nous savons également que les différents types d'informations sont stockés dans différentes parties de notre cerveau.

Lorsque nous voulons retrouver un souvenir, une information, notre cerveau utilise des indices ou des rappels stockés dans la mémoire à long terme et les ramène à la surface, à la conscience.

Dans cet ouvrage, les mémoires à long terme sont abordées à travers les fiches classées par types de mémoire.

La mémoire épisodique

Cette mémoire se réfère aux **informations relatives à notre vécu**, à des évènements bien précis que l'on peut situer dans le temps et l'espace. Par exemple, on peut facilement dire ce que l'on faisait et où l'on était lors des attentats du 11 septembre 2001. Elle permet de se souvenir d'évènements vécus personnellement dans un contexte donné (lieu, moment, personnes), avec ses détails perceptivo-sensoriels (émotions, perceptions, odeurs, etc.). Ces souvenirs sont emmagasinés pour très longtemps et l'on pourra les retrouver plusieurs mois ou années plus tard. C'est ce que nous avons souhaité symboliser par le pictogramme du gâteau d'anniversaire. Cette mémoire épisodique se différencie en particulier des autres types de mémoire par le fait que chacun de nous est l'acteur central ayant vécu les évènements.

- Fiches pour les non-lecteurs : fiches 50 à 56
- Fiches pour les lecteurs : fiches 57 à 63

Récapitulatif des compétences travaillées :

Mémoire épisodique : fiches 50 à 63	N° de la fiche non-lecteur	N° de la fiche lecteur
Se souvenir de détails relatifs à son habitation	50	
Se souvenir de détails relatifs à sa journée d'élève	51	58
Se souvenir de sa journée d'élève d'un point de vue chronologique	52	
Se souvenir de détails de sa vie quotidienne	53	59-60
Se souvenir de détails de la vie quotidienne du point de vue de la mémoire visuelle	54	
Associer une émotion à un souvenir personnel	55	
Se souvenir d'une émotion liée à une situation particulière	56	63
Se souvenir de détails relatifs à sa vie d'élève		57-61-62

À noter : selon le niveau des élèves, il peut être souhaitable de proposer une dictée à l'adulte plutôt que l'écriture pour les **fiches 60 à 63**.

La mémoire sémantique

Cette mémoire se définit **comme la mémoire des acquis, des connaissances, de la culture générale**. C'est comme une grande bibliothèque dans la tête des élèves, où sont stockées toutes les informations importantes qu'ils apprennent à l'école et dans la vie quotidienne.

C'est grâce à la mémoire sémantique que l'élève sait que Paris est la capitale de la France, que 2 + 2 égalent 4, que les girafes sont des animaux qui ont un long cou, etc. De plus, cette mémoire permet au cerveau de faire des **associations**. Par exemple : chaise-meuble, poussin-jaune.

Elle conserve et classe les connaissances d'ordre général sur le monde qui nous entoure. Elle permet de faire des inférences à partir de notre réseau de connaissances.

- Fiches pour les non-lecteurs : fiches 64 à 71
- Fiches pour les lecteurs : fiches 72 à 82

Récapitulatif des compétences travaillées :

Mémoire sémantique : fiches 64 à 82	N° de la fiche non-lecteur	N° de la fiche lecteur
Se souvenir de la fonction d'un objet déjà rencontré et y associer un autre objet	64	73
Compléter une liste de mots mémorisés par leur dessin ou un mot	65	72-78
Se souvenir d'un objet déjà rencontré / Associer un objet à une devinette	66-67	80-82
Se souvenir d'un lieu déjà rencontré	68-69	74
Associer un lieu à un objet déjà rencontré	70	75-76-81
Se souvenir de l'intrus dans une liste de mots mémorisées	71	79
Repérer un mot selon sa catégorie sémantique parmi une liste de mots mémorisés		77

À noter :

- Pour que la consigne soit bien comprise (ex. : fiche n° 68 : Observe chaque image. Cherche dans ta mémoire où tu l'as déjà vue. Colle la bonne étiquette), l'enseignant pourra s'appuyer sur l'exemple ou donner une autre situation pour guider les élèves.
- La progression entre la fiche 70 et la fiche 80 est importante et le niveau de difficulté augmente de façon constante.

La mémoire procédurale

Appelée également la mémoire des savoir-faire, elle est faite d'automatismes sensorimoteurs très bien assimilés ; cette mémoire est dite « inconsciente » ou « implicite », elle correspond à la mémoire des habitudes. **C'est la mémoire des gestes, des habiletés, des savoir-faire et des actions motrices.**

Par exemple, la mémoire procédurale comprend tous les paramètres et les processus nécessaires pour « savoir faire du vélo ». En effet, une fois que l'enfant a appris à faire du vélo, il le fait automatiquement sans qu'il ait besoin de réfléchir à la façon de faire. D'autres illustrations de la mémoire procédurale sont par exemple tous les processus nécessaires pour **pratiquer un sport, écrire, faire ses lacets**, **jouer d'un instrument de musique**, etc. C'est grâce à la mémoire procédurale qui enregistre toutes les informations relatives à la coordination des mains, des pieds, des yeux, etc., que cela est possible.

- Fiches pour les non-lecteurs : fiches 83 à 85
- Fiches pour les lecteurs : fiches 86 à 92

Récapitulatif des compétences travaillées :

Mémoire procédurale : fiches 83 à 92	N° de la fiche non-lecteur	N° de la fiche lecteur
Se souvenir d'une action dans une situation vécue d'après des indices	83-84	86-87
Se souvenir de l'ordre des actions dans une situation vécue	85	
Se souvenir de 2 actions à faire dans une situation vécue		88-89-90
Se souvenir de 3 actions à faire dans une situation vécue		91
Se souvenir d'une situation selon des actions proposées		92

La mémoire prospective

On l'appelle aussi la **mémoire du futur !** La mémoire prospective permet de « se souvenir de se souvenir ». Elle permet de se rappeler de réaliser une tâche spécifique ou une action planifiée à tel moment, même si ce moment se situe plus tard dans le temps.

Par exemple, les élèves peuvent se souvenir de se brosser les dents, de préparer leur cartable et de s'habiller avant de partir pour l'école, de ne pas oublier d'emporter son gouter pour la piscine, etc. Les applications de cette mémoire dans la vie quotidienne des élèves sont innombrables. C'est une **mémoire à double orientation, vers le passé et vers le futur**.

- Fiches pour les non-lecteurs : fiches 93 à 97
- Fiches pour les lecteurs : fiches 98 à 105

Récapitulatif des compétences travaillées :

Mémoire prospective : fiches 93 à 105	N° de la fiche non-lecteur	N° de la fiche lecteur
Énumérer les actions à prévoir dans une situation à venir	93-94	98
Énumérer les objets nécessaires à une situation future	95-96	97
Énumérer des choses indispensables pour une action à venir		99-100
Trouver une action possible à partir de 3 objets dessinés		98
Énumérer 3 objets indispensables pour réaliser une action future		101
Sélectionner les objets indispensables pour une action future du quotidien		102
Sélectionner les outils indispensables à des activités de classe		103
Sélectionner les bonnes réponses à des activités de français		104
Sélectionner les bonnes réponses à des activités de mathématiques		105

Les fiches **99 et 100** peuvent être réalisées en dictée à l'adulte selon le niveau des élèves.

Les autres mémoires

Les mémoires sont très nombreuses, nous avons fait le choix d'en aborder six dans cet ouvrage mais, pour information, les enseignants peuvent évoquer d'autres mémoires et concevoir des activités autour de :

- **la mémoire tactile :** utilisée notamment en EPS ;
- **la mémoire olfactive :** les odeurs de cuisine, de parfum... ;
- **la mémoire gustative :** se réfère à la mémoire des gouts et les saveurs des aliments et des boissons ;
- **la mémoire émotionnelle :** c'est se souvenir de quelque chose que l'on a vécu d'heureux, de triste, d'énervant, de terrifiant, etc. À noter : plus l'émotion est forte, plus le souvenir qu'elle laisse est solide.

Cette liste est loin d'être exhaustive...

EXPLIQUER AUX ÉLÈVES LE FONCTIONNEMENT DE LA MÉMOIRE

• Déconstruire les idées toutes faites

Avant de dire qu'un élève a des difficultés de mémorisation, il nous parait très important de déterminer quel type de mémoire pose de réelles difficultés dans les apprentissages de cet élève. En effet, nous pensons que la mémoire peut être rapprochée du concept des intelligences multiples.

Il nous parait également très important, du point de vue des élèves, de **déconstruire** certaines affirmations que l'on entend dès lors qu'on les questionne sur ce qu'est la mémoire et ce à quoi elle sert :

- *« La mémoire c'est le cerveau ! »*
- *« La mémoire c'est pour réfléchir ! »*

Expliquer ce qu'est la mémoire et à quoi elle sert est important, l'objectif étant de faire prendre conscience du rôle de la mémoire dans la vie en général et à l'école, en particulier.

Ce que l'enseignant peut dire :

*Non, la mémoire n'est pas le cerveau, elle est **DANS** le cerveau et elle sert à se souvenir, se rappeler, retenir, garder dans sa tête pour ne pas oublier !*

La mémoire sert à réfléchir, mais surtout dans l'idée de se souvenir.

C'est donc un outil pour réfléchir à quelque chose que vous avez déjà vu, entendu ou appris.

• Comment présenter aux élèves ce que sont les mémoires ?

Dans sa journée d'école, l'élève est soumis à un flot incessant de sollicitations visuelles et auditives. Il nous parait fondamental d'en faire prendre conscience aux élèves, dans un langage simple et compréhensible de tous et de leur expliquer qu'ils ont différentes mémoires dans leur cerveau, qui ont des rôles différents et qu'elles ne fonctionnent pas de la même façon. Nous donnons ci-dessous quelques pistes, quelques exemples d'explications à donner aux élèves de cycle 2 :

Ce que l'enseignant peut dire :

*Toute la journée à l'école vous utilisez **plusieurs mémoires**, qui ne servent pas aux mêmes choses !*

*Sans vous en rendre compte, il y a quelque chose en vous qui fait le premier travail de la mémoire : ce sont deux choses que vous avez sur le visage, **les oreilles et les yeux**. Ils sont très importants pour chacun d'entre vous. Pour se souvenir, tout commence avec eux !*

• Pour la mémoire visuelle

*Quand la maitresse ou le maitre vous montre quelque chose qui est écrit au tableau, vous vous servez de **vos yeux** pour **voir et regarder,** après pour vous en souvenir, c'est la mémoire des **yeux** qui travaille, on l'appelle la mémoire visuelle.*

• Pour la mémoire auditive

*Quand la maitresse ou le maitre vous parle, vous vous servez de **vos oreilles** pour **l'écouter,** après pour vous en souvenir, c'est la mémoire des **oreilles** qui sert, on l'appelle la mémoire auditive.*

• Pour la mémoire des évènements de notre vie (mémoire épisodique)

*C'est la mémoire qui garde dans votre cerveau tous les moments spéciaux et les choses que vous avez **vécus**. Cela peut être une journée à la campagne, un anniversaire, un tournoi de sport, l'année dernière, des évènements qui se sont passés quand vous étiez petits. Cette mémoire enregistre l'histoire de votre vie.*

• Pour la mémoire des connaissances (mémoire sémantique)

*La troisième mémoire que vous utilisez beaucoup à l'école, c'est quand vous **apprenez** des choses ! Dans tous les domaines, à l'école, mais aussi ailleurs, tout le temps, vous apprenez des choses et vous devez les mémoriser, par exemple se souvenir de trois animaux qui ont des griffes… Cela s'appelle la mémoire des connaissances, elle s'appelle aussi mémoire sémantique.*

• Pour la mémoire des gestes (mémoire procédurale)

*C'est la mémoire des choses que vous avez apprises à **faire automatiquement**, par exemple faire du vélo, attacher vos lacets, vous brosser les dents, etc. Une fois que vous savez comment faire, votre cerveau se souvient automatiquement des mouvements et des gestes qui vous permettent de les réaliser facilement lorsque vous en avez besoin.*

• La mémoire des choses qu'il faut penser à faire (mémoire prospective)

*Cette mémoire vous aide à vous souvenir des **choses importantes à faire**, ou des choses à prendre à l'avenir, comme ne pas oublier son maillot de bain pour aller à la piscine ou à la plage, rendre les livres que vous avez empruntés à la bibliothèque ou prendre les clés de la maison si vous rentrez tout seul.*

Pour plus de clarté, il est intéressant que l'enseignant présente une carte mentale illustrant ses propos, à remplir au fur et à mesure de ses explications au tableau.

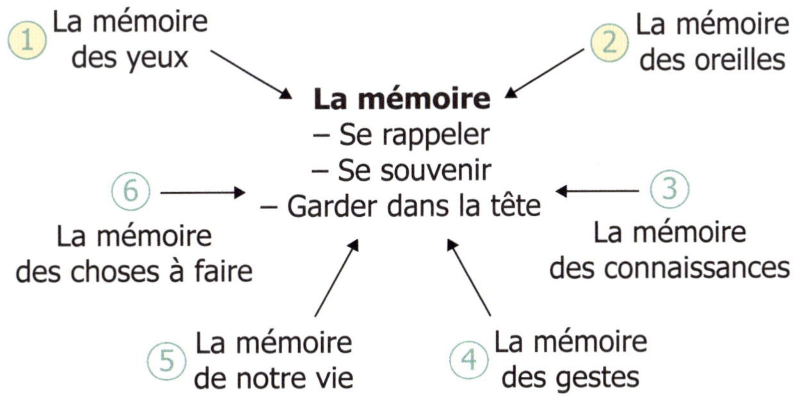

Il y aussi deux choses importantes à savoir sur les mémoires :
- *il y a les mémoires qui servent à se souvenir **TOUT DE SUITE** d'une information*
- *et celles qui servent à se rappeler **PLUS TARD** et même dans **LONGTEMPS**.*

Vous voyez, entendez ou apprenez quelque chose, puis après dans votre journée, vous faites plein d'autres choses qui n'ont aucun rapport avec ce que vous venez de voir, entendre, apprendre. Cependant, vous mémorisez quand même plein d'informations.

Proposer des jeux avec distracteurs va permettre de faire comprendre aux élèves les étapes du processus de la mémorisation. Quand on se souvient après l'intervention d'un distracteur, c'est la mémoire à long terme qui a été activée.

La notion de DISTRACTEUR

L'enseignant peut proposer **deux petits jeux très simples** pour illustrer cette notion de distracteur pour différer la restitution d'informations :

- **Premier jeu (sans distracteur)**

Je vais vous dire 3 mots, je vais vous laisser un peu de temps pour les regarder, puis vous allez les dessiner sur votre ardoise.

ballon – fleur – carré

L'enseignant montre les mots choisis pendant environ 20 secondes puis les enfants dessinent.

- **Deuxième jeu (avec distracteur) :**

Maintenant, je vais vous dire 3 mots, vous allez les dessiner sur votre ardoise, MAIS vous n'allez pas le faire tout de suite, vous allez garder dans votre mémoire ces mots et EN MÊME TEMPS, vous allez écouter un camarade qui va réciter une poésie. Nous faisons ce jeu pour vous expliquer que votre CERVEAU peut faire deux choses à la fois, sans que vous le sachiez.

nuage – soleil – pomme

Après le moment consacré à la poésie, l'enseignant dira aux élèves de dessiner sur l'ardoise, puis :

*Sans que vous vous en rendiez compte, votre cerveau vient de réussir à faire deux choses très différentes en **MÊME TEMPS** :*

***Premièrement,** il a gardé plusieurs minutes en mémoire 3 mots et **deuxièmement,** il a permis l'écoute d'un camarade récitant sa poésie !*

Vous avez dû trouver ce deuxième jeu plus difficile car il s'est passé plus de temps avant que vous dessiniez sur votre ardoise et votre mémoire a dû travailler plus que pendant le premier jeu.

PISTES DE JEUX POUR AMÉLIORER LA MÉMORISATION EN CLASSE

- **Pour la mémoire visuelle,** la méthode des loci « méthode des lieux » ou encore « palais de mémoire » consiste à **associer des objets** à mémoriser à la **représentation d'un lieu familier.**

Le jeu des palais de mémoire (connu depuis l'Antiquité)

1. Choisir un lieu ou un parcours que l'on connait bien et l'imaginer/se le représenter en détail.
2. Sélectionner dans ce lieu autant d'endroits/meubles... qu'il y a d'items à mémoriser.
3. Associer ces endroits et les items.
   Ex. : On a une liste de mots à mémoriser. On choisit sa maison. On dépose le mot « soleil » sur la porte d'entrée, le mot « bateau » sur le canapé, le mot « bijoux » dans l'escalier...
4. Parce que plus les **images mentales** créées sont marquantes, drôles ou absurdes, mieux on mémorise, on peut également imaginer que : le soleil ouvre grand ses bras le long de la porte d'entrée, que le bateau prend toute la place sur le canapé, que les bijoux descendent en guirlandes dans l'escalier, etc.
5. Pour restituer la liste de mots, on se remémore le cheminement que l'on fait dans sa maison : « il y a un soleil sur la porte d'entrée... »

Les fiches pour les lecteurs **n° 29 à 31** sont directement inspirées de cette méthode.

- Pour leur faire prendre conscience qu'à chaque fois qu'ils doivent se souvenir d'une information, ils doivent se la **répéter au préalable dans leur tête**. De plus, le jeu de la petite voix dans la tête permet de leur faire comprendre qu'ils peuvent réfléchir avant de répondre. Mais pour cela, il est indispensable de savoir garder en mémoire la question et la réponse.
- Un autre petit jeu amuse beaucoup les élèves et peut être l'occasion d'un rituel très court pour démarrer une activité. De plus, il est très efficace.

Le jeu de la petite voix dans la tête

Il s'agit de leur poser des questions très simples et de leur demander de ne pas répondre à voix haute mais simplement de répondre dans leur tête.

Exemples de questions à poser :

- *Comment t'appelles-tu ?*
- *Quel âge as-tu ?*
- *Est-ce que tu as un nez ?...*

- Pour aller plus loin, proposer un jeu excellent que les élèves adorent, sur le principe de l'émission du Burger Quiz (existe également en boite de jeu de société ; règles du jeu présentées ici : https://youtu.be/7rKHnEc1nMM).

Le jeu du Burger Quiz

Il consiste à poser des questions (le nombre varie selon l'âge des enfants) au joueur qui doit attendre la fin du questionnaire pour y répondre dans l'ordre. Exemple de quiz pour des élèves de CE1 (ici, trois questions mais il est possible d'en faire varier le nombre...) :

1/ Quel âge as-tu ?
2/ As-tu un lapin chez toi ?
3/ Manges-tu des pommes ou des chaussures ?

Pour y répondre, l'enfant devra dire par exemple : *1/ 6 ans ; 2/ non ; 3/ des pommes.*

Ce jeu peut être proposé en équipes avec des listes de questions préparées en amont par l'enseignant. Celui-ci peut faire l'objet d'un temps ritualisé dans la semaine en étant éventuellement en lien avec les apprentissages du moment.

Ce jeu est une synthèse de tout ce qui concerne le travail sur la mémoire et permet également de manier l'humour avec les élèves, ce qui est un élément motivant dans tout apprentissage.

- Pour **améliorer la concentration et l'attention nécessaire à la mémorisation**, demander aux élèves d'enlever tous les distracteurs (bruits, etc.) est un préalable indispensable. Leur proposer par exemple de fermer les yeux afin qu'ils se retrouvent quelque peu isolés de l'environnement extérieur et de ses perturbations.

Nous ne pouvons que recommander aux enseignants de pratiquer ces activités très régulièrement !

Présentation des ressources numériques

Retrouvez les ressources en ligne sur mes-ressources-pedagogiques.editions-retz.com
(voir page 2 de couverture).

- Toutes les fiches en couleur de cet ouvrage par type de mémoire
- Les étiquettes en couleur pour les fiches concernées

Pour faciliter le travail en classe, vous y trouverez également, toutes les fiches à imprimer en noir et blanc.

Les étiquettes à imprimer en noir et blanc sont organisées fiche à fiche afin de ne pas multiplier les photocopies et pour faciliter votre découpage des étiquettes avant les activités.

• NAVIGUER DANS L'APPLICATION

Cliquer sur le domaine souhaité pour accéder aux ressources numériques.

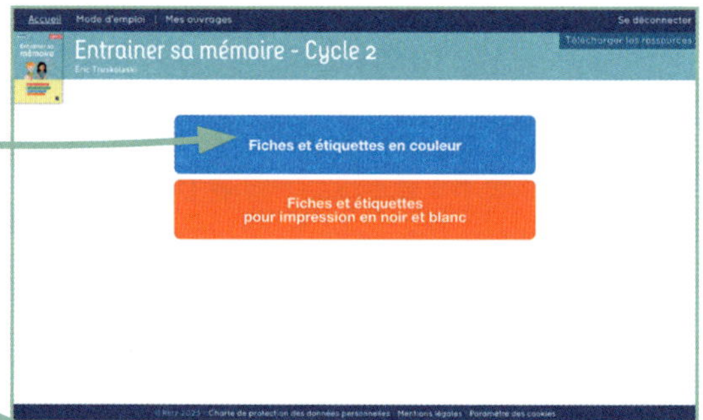

• AFFICHER LES FICHIERS PDF

Cliquer sur le bandeau supérieur pour retourner à l'écran d'accueil.

Le nom du domaine sélectionné s'affiche en bleu.

L'ensemble des ressources associées au domaine s'affiche dans la partie droite de l'écran.

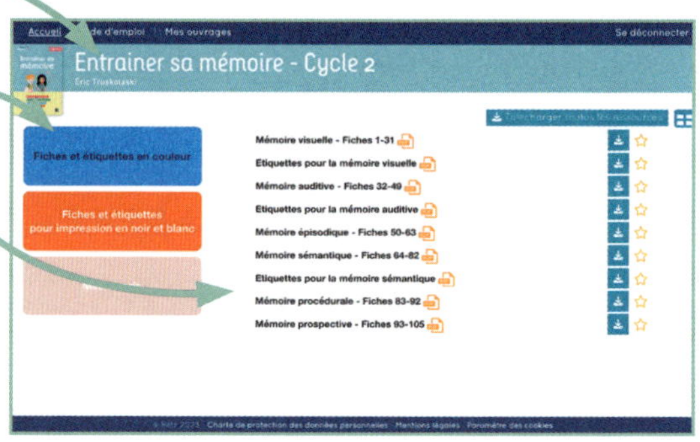

Une fiche.

Une page d'étiquettes à découper.

Cliquer sur le nom du document que l'on souhaite visionner, imprimer ou vidéoprojeter…

… le document s'affichera ensuite dans une nouvelle fenêtre et le logiciel automatiquement utilisé pour cet affichage (Adobe Reader, Aperçu, Lecteur…) permet d'agir sur le document : zoom, rotation, impression…

Observe le mot ou le nombre à gauche.
Mémorise-le et cache-le.
Entoure-le à droite.

rose	rire rue rose nez
nuage	soir nuage lapin loup nuance
valise	lapin ville tour loup nuage valise
25	28 34 25 16 52 62 31 25
souris	55 lion soleil 72 souris soir 36 souris cinq sbctip

Nom : .... Date : ....

Fiche 2

1 Observe et mémorise ce dessin.

2 Cache le dessin.
Dessine trois choses que tu y as vues.

3 Dessine deux choses qui étaient tout près du chien.

4 Dessine deux choses qui n'étaient pas dans ce dessin.

Nom : .... Date : ....

Fiche 3

Mémorise ces images et cache-les.
Puis colle les étiquettes dans le même ordre.

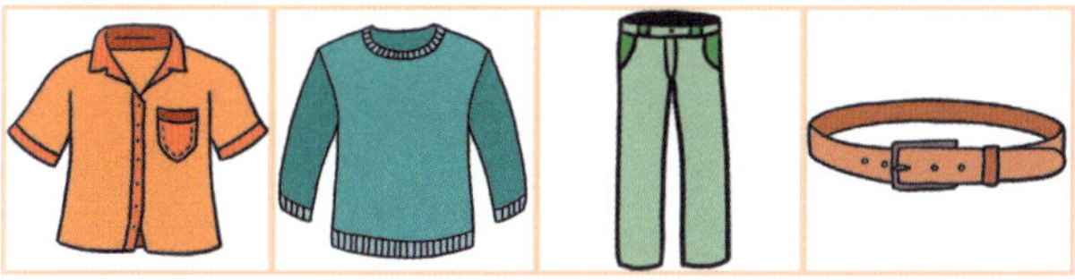

Nom : .... Date : ....

Fiche 4

1 Mémorise ces images et cache-les.
Puis colle les étiquettes dans le même ordre.

2 Dessine 4 images de ton choix dans les cadres gris et mémorise-les.
Cache tes dessins puis dessine-les à nouveau dans les cadres du bas.

Nom : .... Date : ....

1 Mémorise ces images et cache-les.
Dessine le détail présent dans chaque série de 3 dessins.

2 Mémorise ces images puis cache-les.
Complète la case et le cercle sur le même modèle.

4 8

Nom : .... Date : ....

Mémorise ces dessins et cache-les.
Puis reproduis-les dans le cadre à côté.

A

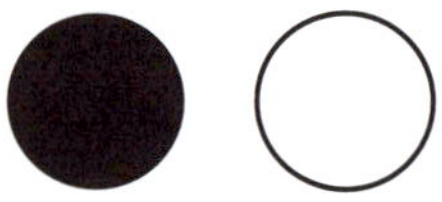

B

C

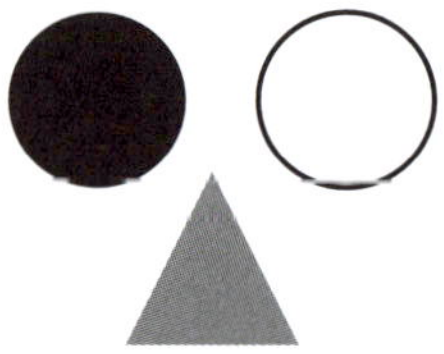

D

E

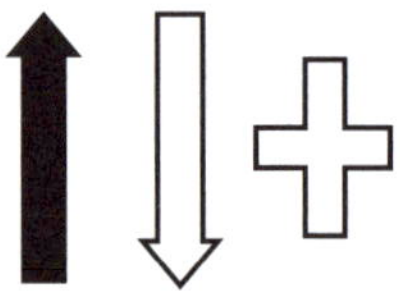

F

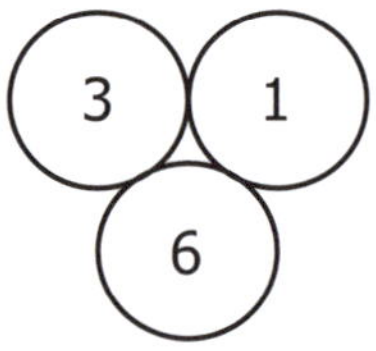

G

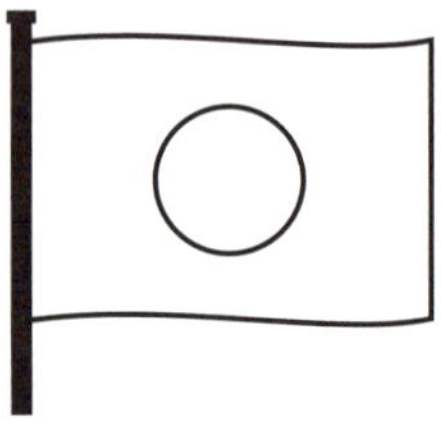

H

Nom : .... Date : ....

Fiche 7

Mémorise ces dessins et cache-les.
Puis reproduis-les dans le cadre à côté.

A

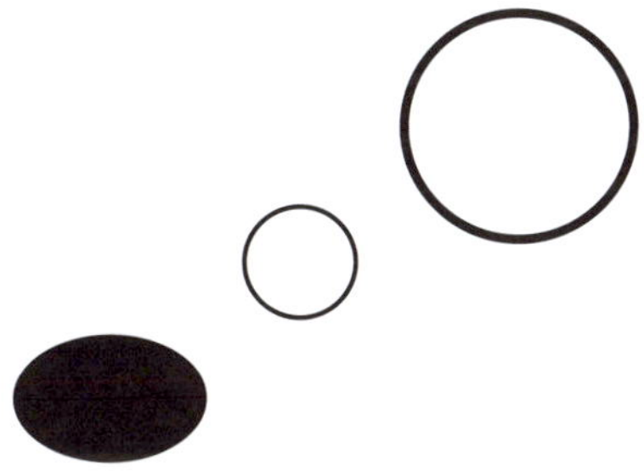

B

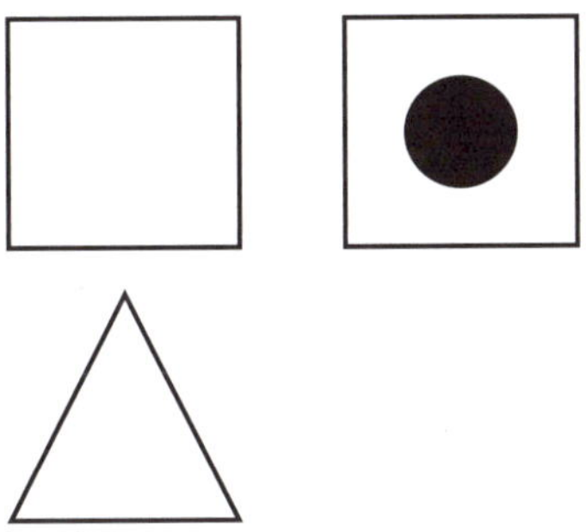

C

D

Nom :

Date :

Fiche 8

Mémorise les motifs de ces drapeaux et cache-les.
Puis reproduis-les dans les drapeaux blancs.

A

B

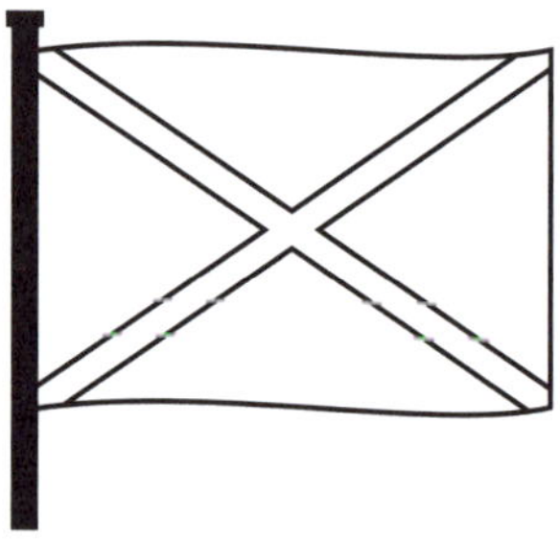

C

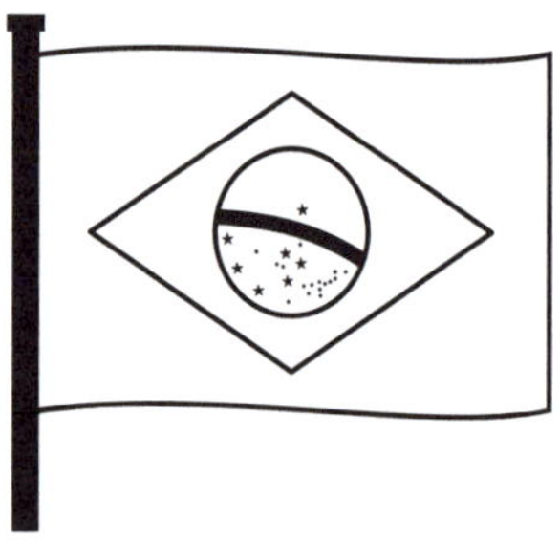

D

Nom : .... Date : ....

1 Cache l'image de droite et observe bien l'image de gauche.
Puis cache l'image de gauche et observe l'image de droite.
Cache de nouveau l'image de droite et entoure sur l'image de gauche les deux différences.

2 Cache l'image de droite et observe bien l'image de gauche.
Puis cache l'image de gauche et observe l'image de droite.
Cache de nouveau l'image de droite et entoure sur l'image de gauche les deux différences.

3 Cache l'image de droite.
Observe bien celle de gauche puis cache-la à son tour.
Entoure ce qui a changé dans la série de droite.

6 4 9	6 2 9	A R S	A U S

3 2 5 1	3 7 5 6	V Z O D	R Z I D

Nom : .... Date : ....

Fiche 10

1 Mémorise ces visages puis cache-les.

Entoure les visages qui étaient dans la première série et barre ceux qui n'y étaient pas.

2 Observe bien ces visages puis cache-les et réponds aux questions.

Est-ce que ces visages étaient présents dans la série de visages que tu viens de voir ?
Entoure ta réponse.

oui non

oui non

oui non

Nom : .... Date : ....

Fiche 11

Observe ces images, mémorise-les puis cache-les.
Dans les cases vides, colle sous la flèche les étiquettes des dessins correspondant à cette case.

A

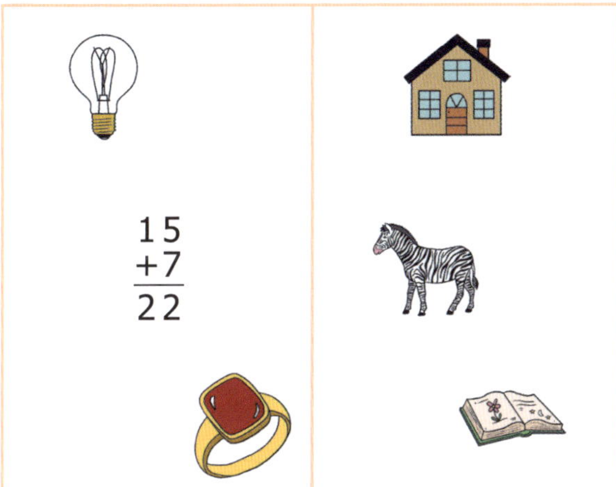

B

C

Nom : .... Date : ....

Fiche 12

1 Observe les dessins, puis cache-les et dessine-les dans le cadre de droite.

2 Observe les dessins, puis cache-les.
Colle les étiquettes des dessins au même endroit dans le cadre à droite.

A

B

C

Nom : .... Date : ....

1 Nomme les dessins.
Mémorise-les puis cache-les.
Colle l'étiquette du premier dessin.

2 Lis ces chiffres.
Mémorise-les puis cache-les.
Écris le premier chiffre que tu as lu.

2	6	4

3 Lis ces chiffres.
Mémorise-les puis cache-les.
Écris le deuxième chiffre que tu as lu.

5	4	1

4 Observe cette grille.
Mémorise les chiffres puis cache la grille.
Écris le 2 dans la bonne case.

2	3
1	4

5 Observe cette grille.
Mémorise les chiffres puis cache la grille.
Écris le 4 dans la bonne case.

2	3
5	4
9	7

6 Observe cette grille.
Mémorise les chiffres puis cache la grille.
Écris le 1 et le 8 dans les bonnes cases.

7	8	1
2	5	4

Nom : .... Date : ....

Fiche 14

1 Nomme ces images, mémorise-les puis cache-les. Dessine le premier objet.

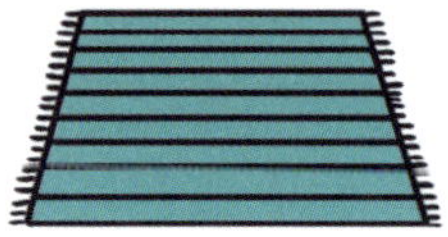

2 Lis ces chiffres, mémorise-les puis cache-les. Écris le premier chiffre que tu as lu.

4	6	2	5	1	3

3 Observe cette grille, mémorise les nombres puis cache la grille.
Écris le nombre correspondant à la case grisée.

2	3	10
1	4	7

4 Observe cette grille, mémorise les nombres puis cache la grille.
Écris le nombre correspondant à la case grisée.

2	3	6
5	4	1
9	7	8

5 Observe cette grille, mémorise les nombres puis cache la grille.
Retrouve la place du 7, du 3 et du 2. Écris-les dans la grille.

7	8	9
2	5	4
3	6	1

Observe et mémorise ce dessin.

A. Cache le dessin.
Écris le nom de trois choses que tu as vues sur le dessin.

- ....
- ....
- ....

B. Écris le nom de deux choses qui étaient tout près du chien.

- .... • ....

C. Parmi ces mots, écris le nom de deux choses qui n'étaient pas dans ce dessin.

une fleur – un soleil – un nuage – une échelle – une carotte – un radis – un panier

- .... • ....

Nom : .... Date : ....

Observe ces dessins.
Mémorise-les puis cache-les.
Colle les étiquettes des dessins dans le même ordre.

1 Observe ces dessins.
Mémorise-les puis cache-les.
Colle les étiquettes des dessins dans le même ordre.

2 À toi de faire 2 dessins. Cache-les et redessine-les.

1 Observe bien le dessin.
Mémorise-le puis cache-le.
Réponds aux questions.

A. Est-ce que le cheval lève une patte ?

B. Qu'y a-t-il au-dessus de l'avion ?

C. Combien d'enfants sont dans l'avion ?

D. Qu'y a-t-il à gauche du cheval ?

2 Observe bien les dessins.
Mémorise-les puis cache-les.
Écris tes réponses.
Quel fruit est au milieu des deux autres fruits ?

....

1 Observe ce visage.
Mémorise-le puis cache-le.
Réponds aux questions.

A. La petite fille porte-elle des bijoux ? ....

B. A-t-elle les cheveux longs ou courts ? ....

C. La reconnais-tu parmi les dessins ci-dessous ? Si oui, entoure-la.

2 Observe ces visages.
Mémorise-les puis cache-les.
Réponds aux questions.

A. Combien y a-t-il de visages avec des lunettes ? ....

B. Combien y a-t-il de filles ? ....

C. Combien y a-t-il de chapeaux ? ....

Nom : ....   Date : ....

Fiche 20

1 Lis et observe ces mots.
Mémorise-les puis cache-les.
Écris un nouveau mot avec le même son commun ou dis-le à l'adulte.

fatigue	**fa**ce	....
L**é**o	C**é**dric	....
lar**me**	plu**me**	....

2 Lis les mots écrits dans les bulles.
Remarque le point commun entre les mots du haut, puis le point commun entre les mots du bas.
Cache-les puis suis ce modèle pour écrire à ton tour deux mots.

cheveux	genou	....
rouge	vert	....

1 Observe ces suites de lettres.
Mémorise-les puis cache-les.
Recopie-les à droite.

t i	____________	l m	____________
p u r	____________		

2 Observe ces mots.
Mémorise-les puis cache-les.
Recopie-les à droite.

rat	____________	mur	____________
trop	____________	mais	____________
la - sur	____________	du - soir	____________
le - si - or	____________	ma - oh - lu	____________

Nom : .... Date : ....

1 Observe ces suites de lettres.
Mémorise-les puis cache-les.
Recopie-les à droite.

t c i		r d u	
i e v t		m p s a c	

2 Observe ces mots.
Mémorise-les puis cache-les.
Recopie-les à droite.

jour		force	
croiser		peindre	
trois prend		rhume lourd	

La sirène nage.

Nom : ....   Date : ....

1. Observe ces dessins.
Mémorise-les puis cache-les.
Écris leur nom dans le bon ordre.

2. Observe ces dessins.
Mémorise-les puis cache-les.
Écris leur nom dans le bon ordre.

15

Nom : .... Date : ....

1 Observe les chiffres dans les étiquettes.
Mémorise-les puis cache-les.
Entoure le chiffre intrus à droite.

2	6	4				1	6	4		
4	0	3	5			4	0	8	5	
8	9	6	2	3		8	0	6	2	3

2 Observe les mots dans les étiquettes de couleur.
Mémorise-les puis cache-les.
Entoure le mot intrus dans les cases blanches.

roi – dame – château

roi – lion – château

moustache – barbe – nez – main

moustache – barbe – front – main

table – porte – tapis – télé – canapé

table – porte – clé – télé – canapé

Nom : .... Date : ....

A B Fiche 25

1 Observe ces dessins.
Mémorise-les puis cache-les.
Écris leur nom.

2 Observe ces nombres.
Mémorise-les puis cache-les.
Écris-les dans les cases dans le bon ordre.

7	9	0

4	3		2	10

11	20	0	1	7

3 Observe ces mots.
Mémorise-les puis cache-les.
Écris-les dans le bon ordre.

tour – dame

piano – facile – fusée

bleu – roi – soir – debout

1 Observe ces dessins.
Mémorise-les, puis cache-les.

A. Souviens-toi des deux animaux. Écris leur nom.

Animal 1	Animal 2
....	....

B. Te souviens-tu encore de ces deux animaux ?
Écris ce que fait chaque animal.

Animal 1	Animal 2
....	....

2 Observe ces dessins d'enfants.
Mémorise-les, puis cache-les.

Te souviens-tu encore de ces trois enfants ?
Écris juste un mot qui explique ce que fait chaque enfant.

Enfant 1	Enfant 2	Enfant 3
....	....	....

1 Lis les textes et observe bien les dessins.
Mémorise-les puis cache-les.

Léo est assis.	Julie est debout.	Paul est allongé.
		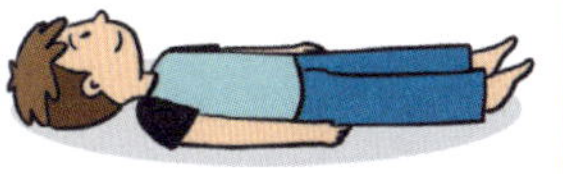

Écris les prénoms des enfants et le mot qui indique comment il se tient.

....	....	....
....	....	....

2 Lis les phrases. Mémorise-les puis cache-les.

Maman ferme la grande armoire.	Hier, j'ai travaillé sur mon nouveau bureau.	Ma sœur se promène sur son vélo bleu.

Écris les noms des trois objets des phrases et le mot qui explique comment est chaque objet.

....	....	....
....	....	....

Nom : .... Date : ....

1 Observe ce schéma.
Mémorise-le puis cache-le.
Écris les mots et colle la bonne étiquette.

Le → roi → 

2 Observe ces schémas. Mémorise-les puis cache-les.
Refais le schéma, écris les mots et colle les bonnes étiquettes.

Les →  → aboient.
Les →  → aboient.

Un → petit / gentil / méchant →  → miaule.

Nom : .... Date : ....

Fiche 29

Observe l'image.
Lis les mots et souviens-toi de leur place.
Cache le dessin du haut.
Puis écris les mots au bon endroit dans le dessin du bas.

Nom : .... Date : ....

Observe l'image.
Lis les mots et souviens-toi de leur place.
Cache le dessin du haut.
Puis écris les mots en te souvenant de leur place dans le dessin du bas.

Nom : .... Date : ....

Lis les trois phrases.
Choisis l'endroit où tu peux les placer dans le dessin du haut.
Colle les étiquettes dans le dessin.
Puis cache le dessin du haut.
Dans le dessin du bas, colle les étiquettes au même endroit.

La danseuse jongle. | Le ciel est bleu. | Le cirque est plein.

Nom : .... Date : ....

Écoute les mots de chaque série puis cache-les.
Répète-les dans ta tête.

sel cerise rond

1 **Colle l'étiquette du fruit que tu as entendu.**

pull rhume chaud

2 **Colle l'étiquette du vêtement que tu as entendu.**

girafe poule Nicolas trousse

3 **Colle l'étiquette de l'objet que tu as entendu.**

trottoir valise pompier danser

4 **Colle l'étiquette du métier que tu as entendu.**

girafe force plume marteau

5 **Colle l'étiquette de l'animal que tu as entendu.**

Nom : .... Date : .... Fiche 33

Écoute ces mots et mémorise-les.
Cache-les.
Entoure le dessin qui commence par la même syllabe.

lune

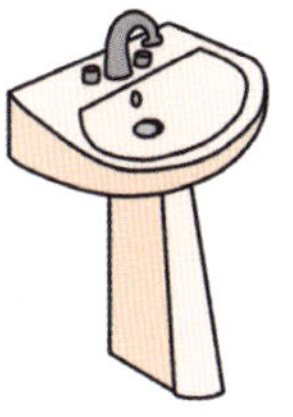

moulin

dire dimanche

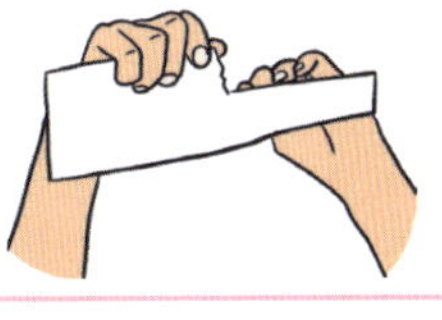

pantalon pantin

robot rocher roti

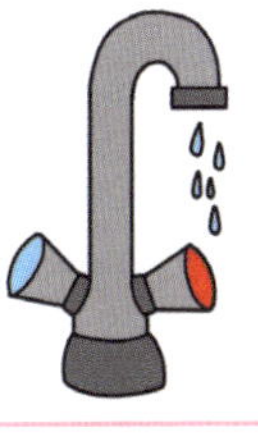

Nom : ....   Date : ....

Fiche 34

Écoute chaque liste de mots.
Mémorise-les puis cache-les.
Entoure le dessin dont le nom commence par la même syllabe.

souris   souffler   souligner

confetti   content
continuer

tirelire   tiroir
tire-bouchon

chat   chapiteau
chameau   chasser

montre   mondial
monter   monde

Nom : .... Date : ....

Fiche 35

1 Dis le nom du dessin à gauche.
Mémorise-le puis cache-le.
Puis entoure le dessin de droite qui commence par le même son.

po

sou

ri

 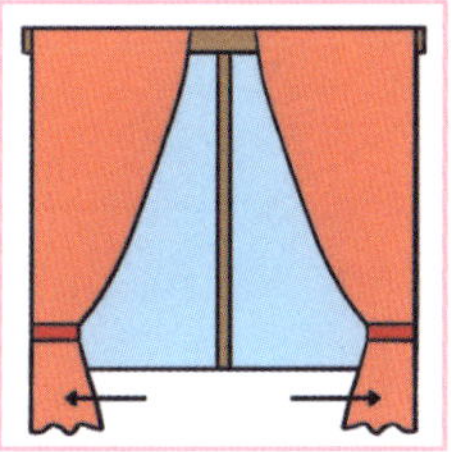 

2 Dis le nom des deux dessins à gauche.
Mémorise-les puis cache-les.
Puis entoure le dessin de droite où tu entends le même son.

ma

ta

Nom : .... Date : ....

1 Dis le nom des trois dessins de chaque série.
Mémorise-les puis cache-les.
Puis, entoure le premier son que l'on entend.

a i o é

 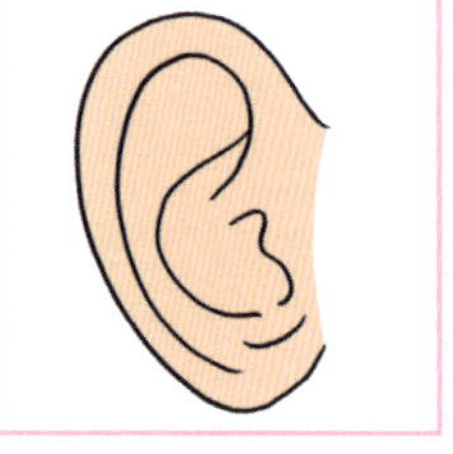 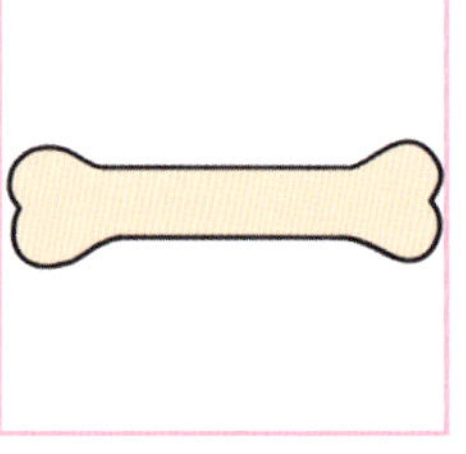

a i o é

a i o é

2 Cache le haut de la page.
Colle les étiquettes du dessin qui commence par le son indiqué.

o			
é			
a			

Nom : .... Date : ....

1 Dis le nom des trois dessins de chaque série.
Mémorise-les puis cache-les.
Puis, entoure le dernier son que l'on entend.

a i o é

a i o é

a i o é

2 Cache le haut de la page.
Colle les étiquettes du dessin qui finit par le son indiqué.

a

o

i

Nom : ....

Date : ....

Fiche 38

Cache la partie droite de la fiche.
Écoute les mots de chaque série. Mémorise-les puis cache-les.
Dis le nom du dessin de droite.
As-tu entendu son nom dans la série ? Entoure oui ou non.

dame jour
lion

oui non

os crabe
balai dormir

oui non

pomme garage
souris riche

oui non

voisin lune
courir centaine
chaussure

oui non

debout cri entend
pour bonbon bougie

oui non

Écoute les consignes qui te seront dites une seule fois.
Fais ce qu'il t'est demandé.

A. Dessine un nuage jaune.

B. Barre ce qui n'est pas un animal.

C. Colle l'étiquette d'une voiture qui est arrêtée à côté d'un arbre.

D. Complète la deuxième image pour qu'elle soit comme la première.

Nom : .... Date : ....

Écoute les consignes qui te seront dites une seule fois.
Fais ce qu'il t'est demandé.

A. Dans le dessin, entoure l'adulte et colorie trois enfants.

B. Dans ce dessin, souligne en bleu ce que l'on peut voir dans un jardin.

C. Barre le dessin qui est différent dans chaque série d'images.

Nom : .... Date : ....

Écoute les consignes qui te seront dites une seule fois.
Fais ce qu'il t'est demandé.

A. Dessine une lune et deux oiseaux.

B. Colle l'étiquette d'une voiture garée à côté d'un arbre qui a perdu ses feuilles.

C. Dans cette phrase, souligne le premier mot en rouge et le dernier en vert.

Les enfants arriveront à la piscine à quatorze heures.

D. Entoure en bleu les deux dessins identiques.
Dessine un soleil dans chaque espace vide.

Nom : .... Date : ....

Fiche 42

Écoute les consignes qui te seront dites une seule fois.
Fais ce qu'il t'est demandé.

A. Dans cette phrase, colorie un mot en jaune.
Souligne un autre mot.
Entoure un autre mot encore.

Les enfants arriveront à la piscine à quatorze heures.

B. Dessine un homme qui dort sous un arbre.
Écris ton prénom sur la table.
Colorie les feuilles des arbres en vert.

C. Entoure la première lettre du premier mot de cette phrase.
Souligne le deuxième mot.
Dessine l'animal dont parle cette phrase.

Dans la forêt, l'écureuil grimpe à l'arbre.

Nom : .... Date : ....

A B Fiche 43

Écoute les mots de chaque série.
Mémorise-les puis cache-les.
Écris tes réponses ou dis ta réponse à l'adulte.

voiture cerise fatigue	Écris le nom du fruit que tu as entendu. ....
bus bleu veste	Écris le nom du vêtement que tu as entendu. ....
Yohann Léo Marina	Écris le prénom de fille que tu as entendu. ....
rouge dragon chaussure	Écris le nom de couleur que tu as entendu. ....
gazon tulipe rose herbe	Écris les deux noms de fleurs que tu as entendus. ....

Nom : ....   Date : ....

Fiche 44

Écoute les mots.
Mémorise-les puis cache-les.
Écris tes réponses.

voiture	fatigue
pomme	couleur
vague	

Écris le nom du fruit que tu as entendu.

....

bus	mur	domino
bleu	trou	route
veste	rose	

Écris le nom du vêtement que tu as entendu.

....

Yohann	Pierre
Léo	Karim
Marina	Yanis

Écris le prénom de fille que tu as entendu.

....

rouge	chameau
vert	tapis
bleu	violet

Écris un nom de couleur que tu n'as pas entendu.

....

gazon	métro
vélo	ballon
autobus	bateau

Écris deux noms de moyens de transport que tu n'as pas entendus.

....

Nom : .... Date : ....

Fiche 45

Écoute chaque consigne.
Mémorise-la puis cache-la.
Fais ce qu'il t'est demandé dans la case de droite.

1. Surligne en jaune le mot qui désigne une fleur.

vert	rose
bleu	jaune

2. Entoure la phrase.

- Aaaa aaaa bbbb.
- Le lézard dort au soleil.
- pomme.

3. Entoure quatre mots de quatre couleurs différentes dans cette histoire.

Julie a fêté son anniversaire samedi, elle a huit ans. Ses amis Paul et Lucie lui ont offert un singe en peluche, une poupée, et un jeu de construction.

4. Écris ton prénom au-dessus du bateau dans le dessin.

Nom : .... Date : ....

Fiche 46

Écoute chaque consigne.
Mémorise-la puis cache-la.
Fais ce qu'il t'est demandé dans la case de droite.

1. Colorie en jaune le mot qui désigne à la fois une couleur et un fruit.

jardin	orange
bleu	fourmi
camion	lion

2. Entoure la phrase qui parle d'un animal au début.

- La voiture passe à côté d'un arbre.
- Le lézard dort au soleil.
- Dans le jardin, il y a le chien de Naël qui mange sa gamelle.

3. Entoure les prénoms en jaune et écris de nouveaux prénoms.

Julie a fêté son anniversaire samedi, elle a huit ans. Ses amis

____

Paul et Lucie lui ont offert un singe en peluche et une poupée.

____

4. Dessine un objet qui n'a pas sa place sur une plage.

1 Écoute ce que l'adulte va te dire sur la mémoire, c'est très important.
Mémorise la phrase et cache-la.

La mémoire, ce n'est pas le cerveau.

Dis à l'adulte ce que tu viens d'entendre pour qu'il l'écrive.

....

....

2 Cache le haut de la page.
Puis, écoute deux autres choses importantes à savoir sur la mémoire.
Mémorise-les et cache la phrase ci-dessous.

La mémoire sert à se souvenir, se rappeler des choses.

Dis à l'adulte ce que tu viens d'entendre et une autre phrase sur la mémoire que tu as entendue avant. Il va les écrire.

....

....

....

....

3 Écoute deux autres choses importantes à savoir sur la mémoire.
Mémorise-les et cache-les.

La mémoire, ce n'est pas le cerveau.

Il y a plusieurs mémoires dans notre cerveau.

Dis à l'adulte ce que tu viens d'entendre pour qu'il l'écrive.

....

....

....

....

Nom : ....

Date : ....

Fiche 48

1 Écoute ce que l'adulte va te dire sur la mémoire, c'est très important. Mémorise-les puis cache-les.

À l'école, la mémoire des yeux est très utilisée.
À l'école, la mémoire des oreilles est très utilisée.

Dis à l'adulte ce que tu viens d'entendre pour qu'il l'écrive.

....

....

....

2 Écoute ce que l'adulte va te dire sur la mémoire, c'est très important. Mémorise-les puis cache-les.

Il y a la mémoire des évènements de notre vie.
Il y a aussi la mémoire de nos connaissances.

Dis à l'adulte ce que tu viens d'entendre pour qu'il l'écrive.

....

....

....

3 Écoute deux autres choses importantes à savoir sur la mémoire. Mémorise-les puis cache-les.

Il y a aussi la mémoire des gestes que l'on a appris à faire.
Il y a aussi la mémoire des choses que l'on ne doit pas oublier de faire.

Dis à l'adulte ce que tu viens d'entendre pour qu'il l'écrive.

....

....

....

Nom : .... Date : ....

1 Écoute ce que l'adulte va te dire pour être un champion de la mémoire.
Mémorise-les puis cache-les.

Je me rappelle.

Je me souviens.

Dis à l'adulte ce que tu viens d'entendre pour qu'il l'écrive.

....

....

2 Écoute trois autres choses importantes pour être un champion de la mémoire.
Mémorise-les puis cache-les.

Je mets dans ma tête.

Je redis plusieurs fois dans ma tête.

Je garde dans ma tête.

Dis à l'adulte ce que tu viens d'entendre pour qu'il l'écrive.

....

....

....

3 Cache le haut de la page.
Cherche dans ta mémoire quelles sont les cinq choses importantes à savoir sur la mémoire.
Dis-les à l'adulte pour qu'il les écrive.

....

....

....

....

....

Nom : .... Date : ....

Fiche 50

1 Colorie les murs de la même couleur que ceux de ta chambre.

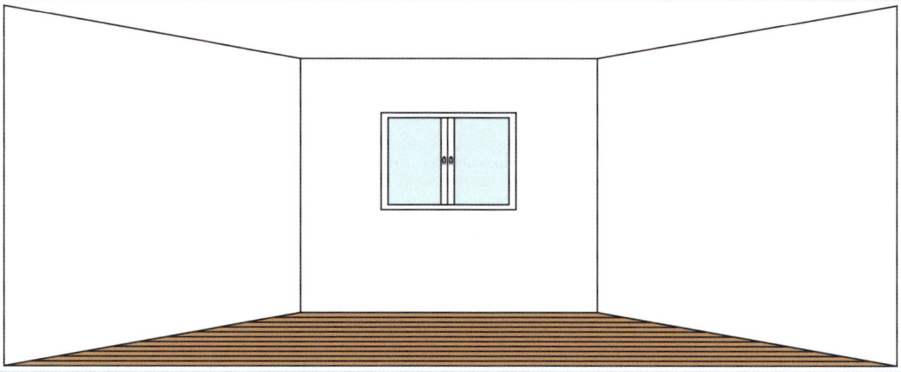

2 Entoure ce qui est à côté de ton lit.

3 As-tu des volets ou des rideaux ou les deux à la fenêtre de ta chambre ?
Entoure la bonne réponse.

4 Barre les objets qui ne se trouvent pas chez toi.

Nom : .... Date : ....

1. Souviens-toi de la personne qui est entrée la première dans la classe.
Dis son nom à l'adulte qui l'écrira ci-dessous.

....

2. Dessine trois objets qui se trouvent dans le couloir de l'école.

3. Dessine trois objets dont tu t'es servi dans la classe aujourd'hui.

4. Souviens-toi de la personne à côté de toi dans le rang ce matin.
Dis son nom à l'adulte qui l'écrira ci-dessous.

....

Nom : ....   Date : ....

Fiche 52

1 Dessine ce que tu as fait en premier en arrivant en classe.

2 Dessine ce que tu as fait juste après.

3 Dessine ce que tu as fait dans la classe juste après la récréation.

4 Souviens-toi de quelque chose que l'adulte a écrit ou affiché au tableau.
Dessine-le ici.
Tu peux aussi le dire à l'adulte.

Nom : ....

Date : ....

Fiche 53

1 Dessine les vêtements que tu portais hier.

2 Dessine un vêtement que tu portais l'année dernière ou quand tu étais plus jeune.

3 Dessine un plat que tu as mangé à la cantine ou à la maison lors de ton dernier repas.

4 Dessine l'endroit où se trouvent ces objets chez toi.

Nom : .... Date : ....

1 Souviens-toi de deux objets que l'adulte a touchés dans la classe.
Dessine-les dans les cadres.

2 Souviens-toi de deux choses que l'on peut voir en arrivant dans la cour de récréation.
Dessine-les dans les cadres.

3 Souviens-toi de trois choses que l'on peut voir dans un magasin.
Dessine-les dans les cadres.

4 Souviens-toi de trois choses que l'on peut voir à la piscine.
Dessine-les.

Nom : .... Date : ....

1 Observe ces images.
Puis entoure l'émotion (plaisir, peur, tristesse) qui correspond à tes souvenirs, lorsque tu observes ces images.

1
7
+
8

Nom : ....   Date : ....

Fiche 56

1 Dessine-toi dans la dernière situation où tu as été content ou contente.

2 Dessine-toi dans la dernière situation où tu as été en colère.

3 Dessine une chose dont tu te souviens dans ton dernier rêve.

4 Dessine une chose dont tu te souviens dans ton dernier cauchemar.

Nom : .... Date : ....

1 Souviens-toi de la première personne qui est entrée dans la classe.
Écris son nom.

....

2 Écris le nom de trois objets qui se trouvent dans le couloir de l'école.

....	....	....

3 Écris la couleur de tes cahiers comme dans l'exemple.

jaune	cahier du jour	....	cahier de correspondance
....	cahier de poésies	....	cahier de leçons

1. De quoi ta maitresse a-t-elle parlé ce matin ?
Écris-le ci-dessous.

....

....

2. De quoi ta maitresse a-t-elle parlé cet après-midi après manger ?
Écris-le ci-dessous.

....

....

3. Entoure les dessins des bruits que l'on entend dans ton école.

Autre

4. Dessine l'élève qui était absent hier. Écris son prénom.

....

5. Écris le nom de l'élève qui était à côté de toi dans le rang aujourd'hui.

....

Nom : ....

Date : ....

1 Écris le nom de deux vêtements que tu portais hier.

....

....

2 Écris le nom de deux vêtements que tu portais cet été ou quand tu étais petit.

....

....

3 Écris le nom de deux plats que tu as mangés à la cantine ou à la maison lors de ton dernier repas.

....

....

4 Écris le nom des endroits où se trouvent ces objets chez toi.

....

....

....

....

Nom : .... Date : ....

Fiche 60

1 Souviens-toi de trois mots qu'une maitresse peut dire dans la cour de récréation.
Écris-les.

....	....	....

2 Souviens-toi de trois choses que l'on peut voir dans la rue.
Écris-les.

....	....	....

3 Souviens-toi de trois choses que l'on peut voir dans un magasin.
Écris-les.

....	....	....

4 Souviens-toi de trois choses que l'on peut voir à la piscine.
Écris-les.

....	....	....

Nom : .... Date : ....

Fiche 61

1 Écris le titre de deux poésies ou de deux chansons que tu as apprises.

....

....

2 Écris le titre de trois livres que tes maitresses t'ont lus depuis que tu vas à l'école.

....

....

....

....

3 Écris le nom de deux jeux auxquels tu as joué en classe depuis que tu vas à l'école.

....

....

4 Écris le nom de deux activités que tu as bien aimées depuis que tu vas à l'école. Puis dessine-les.

....

....

5 Écris le nom de deux activités que tu n'as pas aimées depuis que tu vas à l'école.

....

....

1 Écris trois noms ou prénoms de maitres/maitresses que tu as eus à l'école. Dessine-les.

....

2 Écris trois prénoms de copains et copines de l'école maternelle. Dessine-les.

....

3 Écris le nom du directeur ou de la directrice de ton école maternelle.

....

4 Écris le nom d'une ATSEM que tu as eue à l'école maternelle.

....

5 Écris le nom de tes écoles depuis que tu es entré à la maternelle.

....

....

....

Nom : .... Date : ....

1 Écris la dernière situation où tu as été content ou contente.
Dessine-la.

....

....

2 Écris la dernière situation où tu as été en colère.
Dessine-la.

....

....

3 Écris une chose dont tu te souviens lors de ton dernier rêve.

....

....

4 Écris une chose dont tu te souviens lors de ton dernier cauchemar.

....

....

5 Écris une chose dont tu te souviens lors de tes dernières vacances.

....

....

Nom : .... Date : ....

Fiche 64

Observe les dessins.
Colle l'étiquette d'un objet que tu as vu à côté des choses représentées par ces dessins, comme dans l'exemple.

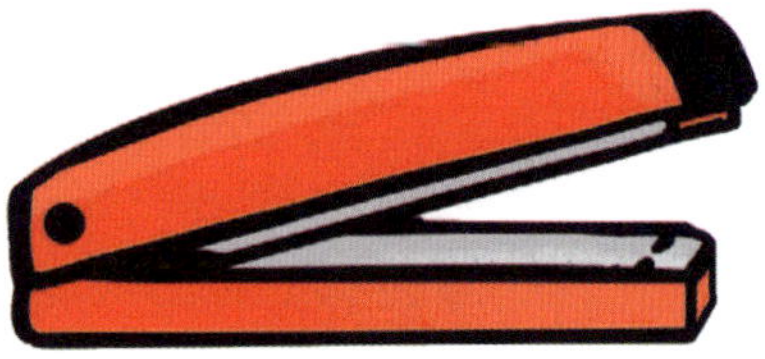

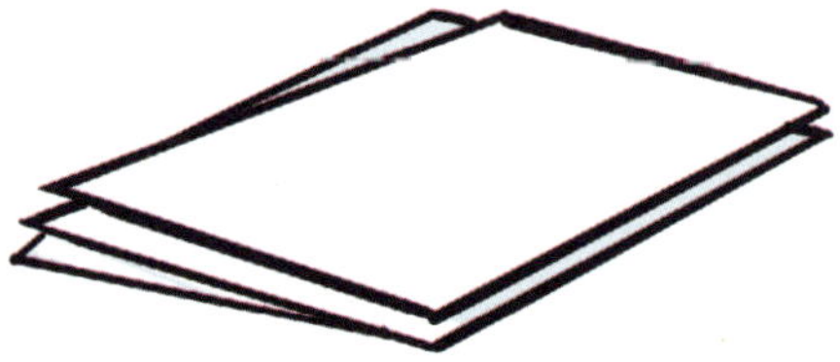

Nom : .... Date : ....

Écoute chaque liste de mots.
Mémorise-les puis cache-les.
Colle l'étiquette de l'image qui peut compléter chaque liste.

cerise	banane	
chien	chat	
sport	marche	
verre	assiette	

Écoute chaque phrase.
Mémorise-la puis cache-la.
Colle l'étiquette de l'objet qui peut correspondre pour chaque phrase.

Quelque chose qui contient du liquide.

Quelque chose qui ne fait aucun bruit dans la rue.

Quelque chose qui protège du froid.

Quelque chose de noir.

Quelque chose de rond.

Nom : .... Date : ....

Écoute chaque phrase.
Mémorise-la puis cache-la.
Colle l'étiquette de l'objet qui peut correspondre pour chaque phrase.

Quelque chose qui contient du liquide sucré et qui a des bulles.

Quelque chose qui ne fait aucun bruit dans la rue et qui a trois couleurs.

Quelque chose qui protège du froid et qui se met autour du cou.

Quelque chose de noir et qui a des pattes.

Quelque chose de rond que l'on voit la nuit.

Observe chaque image.
Cherche dans ta mémoire où tu l'as déjà vue.
Colle la bonne étiquette.

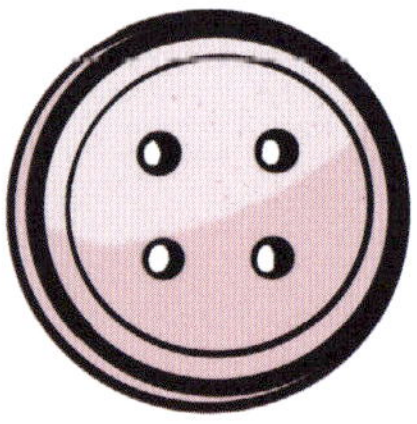

Observe chaque série d'images.
Cherche dans ta mémoire l'endroit où tu les as déjà vues.
Colle la bonne étiquette.

Nom : .... Date : ....

Écoute chaque mot.
Cherche dans ta mémoire l'endroit où tu les peux les trouver.
Colle les étiquettes au bon endroit.

Exemple :

une tuile	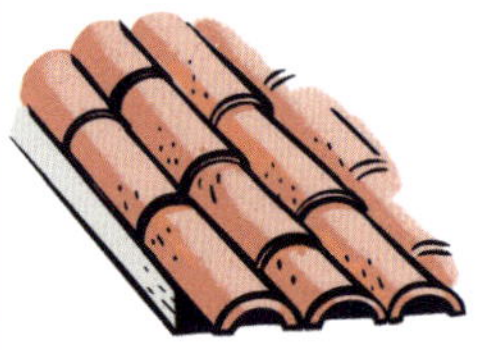	une lampe de chevet	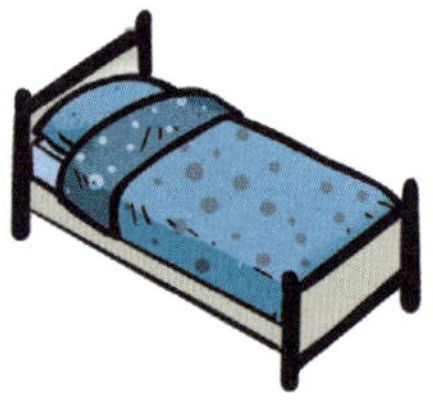
une cage		un papillon	
un balcon		du sable	
un piéton		une bague	
une poule		un toboggan	
un nid		un vase	

Écoute chaque liste de mots.
Mémorise-les.
Colle l'étiquette de l'intrus dans la case de droite.

prune	purée
cahier	viande

mur	niche
grogne	os

joyeux	tousser
peur	triste

micro	public
vague	scène

Nom : .... Date : ....

Fiche 72

Lis les mots de chaque liste.
Écris un mot qui pourrait compléter chaque liste.

judo basket-ball	....
miauler griffer panier	....
courir gagner perdre	....
sel poivre cuillère	....

Souviens-toi de ce que l'on peut faire avec ces objets.
Écris ta réponse pour chaque objet.

Une agrafeuse

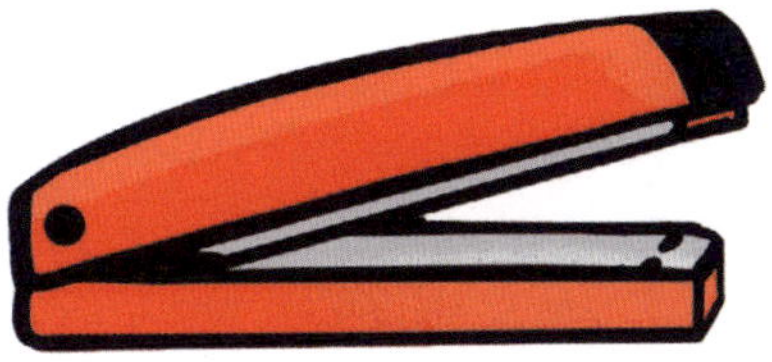

……………………………………………………………

Une clé USB

……………………………………………………………

Une enveloppe

……………………………………………………………

Une casserole

……………………………………………………………

Une prise électrique

……………………………………………………………

Nom : ....

Date : ....

Observe ces dessins.
Souviens-toi de l'endroit où tu les as déjà vus.
Écris-le pour chaque dessin.

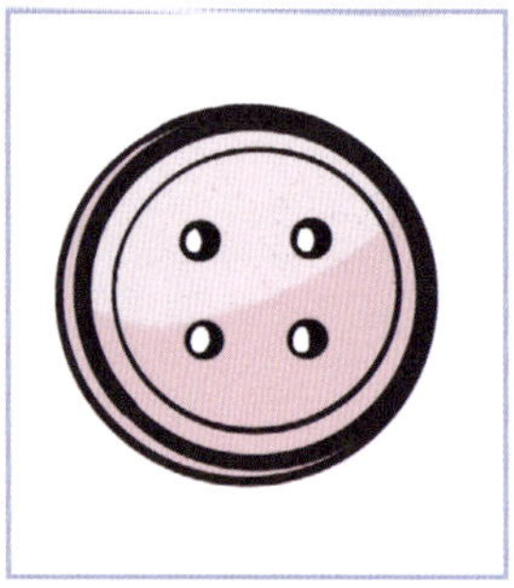

....

....

....

....

....

....

....

Nom : .... Date : ....

Fiche 75

Lis ces mots.
Cherche dans ta mémoire l'endroit où tu peux trouver ce qu'ils représentent.
Écris-le.

une tuile	un toit	un coquillage	....
une cage	....	un papillon	....
un landeau	....	du sable	....
un piéton	....	une bague	....
une poule	....	un ski	....
un nid	....	un vase	....

Lis chaque paire de mots.
Souviens-toi de l'endroit où l'on peut trouver ce qu'ils représentent.
Écris-le comme dans l'exemple.

de l'eau un robinet	une cuisine
un coq une poule	....
une trousse un cahier	....
des fleurs de l'eau	....
un aspirateur un balai	....
une clé de l'argent	....
un piéton un trottoir	....
un ballon un panier	....
un jouet un lit	....
un parfum un collier	....
un marchand des légumes	....
un chiffre une lettre	....

Cache la colonne de droite.
Lis chaque groupe de mots.
Mémorise-le puis cache-le.
Écris ta réponse.

requin, cousin, marteau, film	Écris le nom de l'humain. ....
poire, papa, sardine, ciseaux	Écris le nom de l'objet que tu as lu. ....
Nathalie, garage, karaté, branche	Écris le nom du sport que tu as lu. ....
médaille, enveloppe, tulipe, lion, facteur	Écris le nom de la fleur que tu as lu. ....
dentiste, stade, crème, bleu, trousse	Écris le nom de l'endroit que tu as lu. ....

Lis chaque groupe de mots.
Mémorise-les puis cache-les.
Écris ce qui pourrait compléter chaque liste.

sel poivre fourchette

....

pomme poire prune

....

miauler lait panier

....

courir gagner perdre

....

ballon but stade

....

Nom : ....   Date : ....

Lis chaque groupe de mots.
Mémorise-les puis cache-les.
Écris le mot intrus de chaque liste.

prune	voile
purée	viande

....

mur	grogne
niche	os

....

drôle	peur
tousser	triste

....

micro	vague
public	scène

....

stylo	trousse
douche	gomme

....

Nom : .... Date : ....

Fiche 80

Lis chaque phrase.
Mémorise-la puis cache-la.
Écris le nom de l'objet qui peut correspondre.

Quelque chose qui contient du liquide.

....

Quelque chose qui ne fait aucun bruit dans la rue.

....

Quelque chose qui protège du froid.

....

Quelque chose de noir.

....

Quelque chose de rond.

....

Lis chaque phrase.
Mémorise-la puis cache-la.
Écris le nom d'un endroit où tu peux voir chaque objet, comme dans l'exemple.

Quelque chose qui est chaud.	Une salle de bains ou cuisine
Quelque chose qui roule.	....
Quelque chose qui est fragile.	....
Quelque chose qui sonne.	....
Quelqu'un qui travaille avec des outils.	....
Quelqu'un qui fait rire les enfants.	....
Quelqu'un qui est assis.	....

Nom : .... Date : ....

Lis chaque phrase.
Mémorise-la puis cache-la.
Cherche dans ta mémoire l'objet qui peut correspondre.
Écris le nom de chaque objet.

Quelque chose qui contient du liquide sucré et qui a des bulles.

....

Quelque chose qui ne fait aucun bruit dans la rue et qui a trois couleurs.

....

Quelque chose qui protège du froid et qui ne se met pas autour du cou.

....

Quelque chose de plat sur lequel on peut écrire des numéros et des mots.

....

Quelque chose qui a du noir et du blanc, devant lequel on s'assoit et qui produit du son.

....

Écoute chaque phrase.
Cherche dans ta mémoire la situation dont on parle.
Puis dis à l'adulte ce qu'il faut dessiner.

Une situation où tu tapes dans quelque chose.

Une situation où tu marches vite.

Une situation où tu lances quelque chose.

Une situation où tu ranges un objet.

Une situation où tu applaudis.

Nom : .... Date : ....

Écoute chaque phrase.
Cherche dans ta mémoire la situation dont on parle.
Puis dis à l'adulte ce qu'il faut dessiner.

Une situation où tu mesures et tu dessines.

Une situation où tu grimpes.

Une situation où tu portes quelque chose.

Une situation où tu pousses quelque chose.

Une situation où tu tournes.

Nom : .... Date : ....

Fiche 85

Écoute chaque phrase.
Cherche dans ta mémoire l'ordre des deux actions.
Numérote-les comme dans l'exemple.

Pour coller une feuille sur un cahier.	(1) Je mets de la colle sur la feuille.	(2) Je colle la feuille dans le cahier.
Avoir un casier bien rangé.	( ) Je sors toutes les affaires du casier.	( ) Je range bien toutes les affaires dans le casier.
Faire démarrer une voiture.	( ) Je tourne la clé pour démarrer le moteur.	( ) Je rentre dans la voiture.
Faire pousser des fleurs.	( ) J'arrose souvent les fleurs.	( ) Je plante les fleurs.
Mettre la table.	( ) Je prends les couverts et les assiettes.	( ) Je les mets sur la table.

Nom : .... Date : ....

Fiche 86

Lis chaque phrase.
Cherche dans ta mémoire à quelle situation elle correspond.
Puis écris ta réponse.

Une situation où tu tapes dans quelque chose.

....

....

Une situation où tu marches vite.

....

....

Une situation où tu lances quelque chose.

....

....

Une situation où tu te baisses.

....

....

Une situation où tu ranges un objet.

....

....

Lis chaque phrase.
Cherche dans ta mémoire à quelle situation elle correspond.
Puis écris ta réponse.

Une situation où tu changes de vêtements.

....

....

Une situation où tu grimpes quelque part.

....

....

Une situation où tu amènes quelque chose à quelqu'un.

....

....

Une situation où tu pousses quelque chose.

....

....

Une situation où tu marches et tu tournes.

....

....

Lis chaque phrase.
Souviens-toi de deux actions que tu fais dans chaque situation.
Puis écris ta réponse.

Quand je suis à table.

- ....
- ....

Quand je joue dans la cour de récréation.

- ....
- ....

Quand j'arrive chez moi après l'école.

- ....
- ....

Quand je vais me coucher.

- ....
- ....

Quand je range ma chambre.

- ....
- ....

Lis chaque phrase.
Souviens-toi de deux actions que tu fais dans cette situation.
Puis écris ta réponse.

Quand je suis à la piscine.

- ....
- ....

Quand je suis en vacances.

- ....
- ....

Quand je reçois un cadeau.

- ....
- ....

Quand je suis au gymnase ou au stade.

- ....
- ....

Quand je lis un livre.

- ....
- ....

Nom: .... Date: ....

Lis chaque phrase.
Cherche dans ta mémoire deux actions que tu peux faire dans cette situation.
Puis écris ta réponse.

Coller une feuille sur un cahier.

- ....
- ....

Avoir un bureau bien rangé.

- ....
- ....

Faire du vélo.

- ....
- ....

Faire pousser une fleur.

- ....
- ....

Mettre la table.

- ....
- ....

Lis chaque phrase.
Souviens-toi de trois actions que tu fais dans cette situation.
Puis écris ta réponse.

Quand je joue au ballon.

- ……………………………………
- ……………………………………
- ……………………………………

Quand je vais au parc.

- ……………………………………
- ……………………………………
- ……………………………………

Quand je fais ma toilette.

- ……………………………………
- ……………………………………
- ……………………………………

Quand je fais mes devoirs.

- ……………………………………
- ……………………………………
- ……………………………………

Quand je pars en sortie scolaire.

- ……………………………………
- ……………………………………
- ……………………………………

Nom : .... Date : ....

Fiche 92

Lis les deux verbes.
Cherche dans ta mémoire dans quelle situation on peut faire ces actions.
Puis écris ta réponse.

Appuyer et entrer.

....

Parler et lire.

....

Regarder et manger.

....

Barrer et écrire.

....

Monter et se taire.

....

Écoute et cherche dans ta mémoire.
Puis dis à l'adulte ce que tu dois penser à faire pour chaque situation.

Avant de te coucher	
Pour aller à la plage	
Pour faire les courses	
Pour traverser la rue	
Pour parler à la maitresse	

Écoute et cherche dans ta mémoire.
Puis dis à l'adulte ce que tu dois penser à faire pour chaque situation.

Pour faire un bonhomme de neige.	
Quand tu as fini de jouer avec des jouets dans ta chambre.	
Quand on te donne quelque chose.	
Quand ton ami t'invite à son anniversaire.	
Quand tu cueilles des fleurs dans la nature.	

Écoute et cherche dans ta mémoire ce que tu dois penser à prendre dans chaque situation.
Puis, dessine ta ou tes réponses.

Que dois-tu prendre quand tu rentres seul de l'école et qu'il n'y a personne chez toi pour ouvrir la porte ?

Que dois-tu mettre pour ne pas perdre ton pantalon ?

Que dois-tu prendre pour aller faire du vélo ?

Que dois-tu prendre pour aller à la piscine ?

Que dois-tu prendre pour faire de la peinture ?

Écoute et cherche dans ta mémoire ce que tu dois utiliser dans chaque situation. Puis, dessine ta réponse.

1. Trois objets pour faire un masque en papier.

2. Trois objets pour ne pas prendre froid dans la cour.

3. Trois objets pour faire de la peinture.

4. Trois objets pour faire un pique-nique.

1 Écoute chaque situation. Cherche dans ta mémoire les objets à utiliser. Puis, dessine-les.

Ton père va faire les courses pour faire un gâteau.

Ta mère va faire des achats dans un magasin de bricolage pour refaire la peinture du salon.

2 Observe chaque image.
Dessine un objet qu'il faut penser à prendre pour éviter cette situation.

Nom : .... Date : ....

Fiche 98

1 Lis chaque situation. Cherche dans ta mémoire les objets à utiliser.
Écris tes réponses.

Ton père va faire les courses pour faire un gâteau.

....	....	....

Ta mère va faire des achats dans un magasin de bricolage pour refaire la peinture du salon.

....	....	....

2 Observe chaque série de trois objets.
Écris ce que tu peux faire avec ces objets.

....
....

....
....

....
....

Nom : .... Date : ....

Fiche 99

Lis chaque situation.
Cherche dans ta mémoire ce que tu ne dois pas oublier de faire dans chacune d'entre elles.
Écris ta réponse.

Avant de te coucher	....
Pour faire un bonhomme de neige	....
Pour aller à la plage	....
Pour faire les courses	....
Pour aller en récréation	....

Lis chaque situation.
Cherche dans ta mémoire ce que tu ne dois pas oublier de faire dans chacune d'entre elles.
Écris ta réponse.

Pour traverser la rue	....
Pour parler à la maitresse	....
Quand tu as fini de jouer avec un jeu de société	....
Quand tu sors d'une pièce le soir	....
Quand tu sors de table	....

Nom : .... Date : ....

Fiche 101

Lis chaque situation.
Cherche dans ta mémoire les choses à ne pas oublier pour chacune d'entre elles.
Écris tes réponses.

1. Une chose pour aller faire du vélo.

....

2. Deux choses pour aller acheter du pain.

....

....

3. Trois choses pour aller à la piscine.

....

....

4. Trois choses pour aller à l'école.

....

....

5. Trois choses pour faire tes devoirs à la maison ou à l'étude.

....

....

6. Trois choses pour aller en sortie avec ta classe.

....

....

Nom : .... Date : ....

Fiche 102

Lis chaque situation.
Cherche dans ta mémoire les choses à ne pas oublier pour chacune d'entre elles.
Entoure les bonnes réponses.

1. Quels sont les objets à prendre pour se laver en voyage ?

les fiches de sons	une serviette
le dentifrice	un pyjama

2. Quels sont les objets à regarder pour ne pas rater son train ?

la pendule	le savon
la montre	la bouteille d'eau

3. Quelles sont les affaires à prendre pour aller à la piscine ?

un maillot de bain	une balle
du savon	un bonnet de bain

4. Quelles sont les affaires à prendre pour aller faire du sport ?

des baskets	une gourde
un cartable	un jogging

Nom : ....

Date : ....

Fiche 103

Lis chaque situation.
Cherche dans ta mémoire les choses à ne pas oublier pour chacune d'entre elles.
Entoure les bonnes réponses.

1. Quels sont les outils à utiliser pour écrire un mot sans fautes ?

les fiches de sons

un dictionnaire | un album photo

2. Quels sont les objets à utiliser pour souligner un mot en couleur ?

une gomme | des crayons de couleur

une règle | un crayon de papier

3. Quels sont les objets à utiliser pour faire tes devoirs ?

l'agenda | des jouets

une trousse | un cahier de textes

4. Quels sont les objets à utiliser pour tracer un carré ?

un crayon à papier | une règle

un compas | une équerre

1 Lis la phrase. Que dois-tu penser à faire pour écrire correctement cette phrase ? Entoure la bonne réponse.

Léo part à la piscine avec sa classe à 10 heures

Souligner le mot piscine.	Écrire un point à la fin de la phrase.

2 Pour écrire correctement sur ton cahier, que dois-tu penser à faire ? Entoure la bonne réponse.

Écrire toutes les lettres que tu connais.	Écrire les lettres de la bonne taille.

3 Lis la phrase. Que dois-tu penser à faire pour écrire correctement cette phrase ? Entoure la bonne réponse.

chat bois du Le petit lait.

Lire dans ta tête les mots dans le désordre.	Mettre les mots en ordre dans ta tête.

Compter les mots.

4 Pour réciter correctement ta poésie, que dois-tu penser à faire ? Entoure la bonne réponse.

Compter les enfants de la classe.	Te souvenir de chaque mot.

Penser à dire le titre.

Nom : .... Date : ....

Fiche 105

1 Pour compter jusqu'à 50 sans te tromper, que dois-tu penser à faire ?
Entoure la bonne réponse.

Compter à l'envers.	Ne pas oublier de nombres.

2 Pour trouver le chiffre des unités dans le nombre suivant, que dois-tu penser à faire ?
Entoure la bonne réponse.

74

Te souvenir où est la droite.	Rajouter un chiffre à côté du 7.

3 Que dois-tu penser à faire pour effectuer cette addition ?
Entoure la bonne réponse.

45 + 34 =

Aligner les chiffres les uns sous les autres.	Apprendre à compter jusqu'à 3.

4 Pour poser la soustraction suivante, que dois-tu penser à faire ?
Entoure la bonne réponse.

199 – 53 =

Commencer par le plus petit chiffre en haut.	Commencer par le plus grand chiffre en haut.

Commencer par le signe égal en haut.

Étiquettes à découper

Mémoire visuelle

Fiche 3

Fiche 4

Fiche 11

A 

B 

C 

Fiche 12

A

B

C

Fiche 13

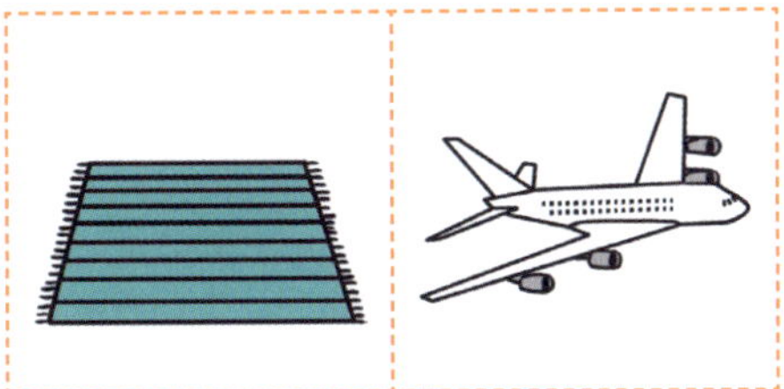

Fiche 16

Fiche 17

Fiche 28

Fiche 31

La danseuse jongle.

Le ciel est bleu.

Le cirque est plein.

La danseuse jongle.

Le ciel est bleu.

Le cirque est plein.

Mémoire auditive

Fiche 32

Fiche 32 (suite)

Fiche 36

Fiche 37

Fiche 39

Fiche 41

Mémoire sémantique

Fiche 64

Fiche 65

Fiche 66

Fiche 67

Fiche 68

Fiche 69

 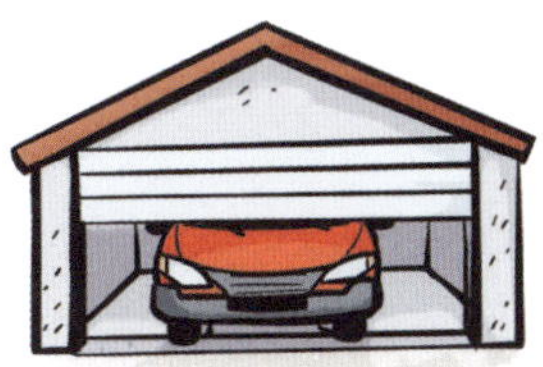 

Fiche 70

Fiche 71

Ces étiquettes à découper sont fournies en planches dans les Ressources numériques.

N° de projet : 10290655
Achevé d'imprimer en octobre 2023 par Chirat